BEI GRIN MACHT SICH IHR WISSEN BEZAHLT

- Wir veröffentlichen Ihre Hausarbeit,
  Bachelor- und Masterarbeit

- Ihr eigenes eBook und Buch -
  weltweit in allen wichtigen Shops

- Verdienen Sie an jedem Verkauf

Jetzt bei www.GRIN.com hochladen
und kostenlos publizieren

Christine Preis

Private Finanzplanung in Deutschland. Anspruch und Wirklichkeit

Examicus Verlag

Bibliografische Information der Deutschen Nationalbibliothek:

Bibliografische Information der Deutschen Nationalbibliothek: Die Deutsche Bibliothek verzeichnet diese Publikation in der Deutschen Nationalbibliografie; detaillierte bibliografische Daten sind im Internet über http://dnb.d-nb.de/ abrufbar.

Copyright © 2001 GRIN Verlag GmbH
Druck und Bindung: Books on Demand GmbH, Norderstedt Germany
ISBN: 978-3-86746-536-6

Examicus - Verlag für akademische Texte

Der Examicus Verlag mit Sitz in München hat sich auf die Veröffentlichung akademischer Texte spezialisiert.

Die Verlagswebseite www.examicus.de ist für Studenten, Hochschullehrer und andere Akademiker die ideale Plattform, ihre Fachtexte, Studienarbeiten, Abschlussarbeiten oder Dissertationen einem breiten Publikum zu präsentieren.

Fachhochschule Ludwigshafen am Rhein

Hochschule für Wirtschaft

Fachbereich Betriebswirtschaft 1

DIPLOMARBEIT

Private Finanzplanung in Deutschland – Anspruch und Wirklichkeit

erstellt von

Christine Preis

Juni 2001

Inhaltsverzeichnis

Abbildungsverzeichnis .... *IV*

Abkürzungsverzeichnis .... *V*

1   Einleitung *1*

  1.1 Problemstellung 1

  1.2 Gang der Untersuchung 3

2   Grundlegende Elemente der Privaten Finanzplanung *5*

  2.1 Traditionelle Beratungsansätze 5

  2.2 Das Konzept der Privaten Finanzplanung 9

      2.2.1   Definition 9

      2.2.2   Aufgaben 10

      2.2.3   Bestandteile der Privaten Finanzplanung 11

      2.2.4   Grundsätze ordnungsmäßiger Finanzplanung 11

      2.2.5   Der Beratungsprozess 14

      2.2.6   Instrumente 16

3   Anbieter der Privaten Finanzplanung *20*

  3.1 Einführung 20

  3.2 Zertifizierte Anbieter 22

      3.2.1   Überblick 22

      3.2.2   Entwicklung 24

      3.2.3   Qualifikation und Ausbildung der Finanzplaner 26

      3.2.4   Berufsgrundsätze des Financial Planners 26

      3.2.5   Arten von Certified Financial Planners 28

          3.2.5.1 Angestellte 28

          3.2.5.2 Selbständige 28

      3.2.6   Vergütung 29

  3.3 Nicht-zertifizierte Anbieter 29

      3.3.1   Überblick 29

      3.3.2   Banken 31

          3.3.2.1 Überblick 31

          3.3.2.2 Ausbildung und Qualifikation 33

          3.3.2.3 Vorgehensweise bei der Beratung 33

3.3.2.4 Vergütung 34

3.3.3 Versicherungen 34

3.3.3.1 Ausbildung und Qualifikation 34

3.3.3.2 Vorgehensweise bei der Beratung 35

3.3.3.3 Vergütung 36

3.3.4 Finanzdienstleistungsvertriebe 36

3.3.4.1 Überblick 36

3.3.4.2 Ausbildung und Qualifikation 36

3.3.4.3 Vorgehensweise bei der Beratung 37

3.3.4.4 Vergütung 38

3.3.5 Selbständig tätige Anbieter 38

3.3.5.1 Überblick 38

3.3.5.2 Ausbildung und Qualifikation 38

3.3.5.3 Vorgehensweise bei der Beratung 38

3.3.5.4 Vergütung 39

4   Kritische Würdigung **39**

4.1   Die Dienstleistung Private Finanzplanung **39**

4.2   Certified Financial Planner versus nicht-zertifizierte Anbieter **42**

4.3   Die Dienstleistungsvergütung **44**

5   Ausblick **49**

Literaturverzeichnis **53**

Abbildungsverzeichnis

Abb. 1.1 Entwicklung des Geldvermögens der Privaten Haushalte in der Bundesrepublik Deutschland 1970 - 1999   1

Abb. 1.2 Gang der Untersuchung   3

Abb. 2.1 Produktorientierter Beratungsansatz   6

Abb. 2.2 Bedarfsorientierter Beratungsansatz   7

Abb. 2.3 Der Beratungsablauf   15

Abb. 2.4 Gliederung einer privaten Bilanz   18

Abb. 3.1 Financial Planning Anbieter in Deutschland   20

Abb. 4.1 Preissensitivität bei Kunden mit durchgeführter Privater Finanzplanung   45

Abb. 4.2 Anteil der Vergütungsmodelle bei den CFP-Lizenznehmern in den USA   48

Abb. 5.1 Volumensentwicklung der zu vererbenden Vermögenswerte in Deutschland 1990 - 2010   49

Abkürzungsverzeichnis

Abb.	Abbildung
AG	Aktiengesellschaft
AWD	Allgemeiner Wirtschaftsdienst
BGB	Bürgerliches Gesetzbuch
bspw.	beispielsweise
bzw.	beziehungsweise
ca.	circa
CFM	Commerz Finanz-Management GmbH
CFP	Certified Financial Planner
DEVFP	Deutscher Verband Financial Planners e.V.
DM	Deutsche Mark
DVAG	Deutsche Vermögensberatung AG
e.V.	eingetragener Verein
ebs	European Business School
etc.	et cetera
GewO	Gewerbeordnung
GmbH	Gesellschaft mit beschränkter Haftung
GoF	Grundsätze ordnungsmäßiger Finanzplanung
HGB	Handelsgesetzbuch
KWG	Kreditwesengesetz
Mio.	Millionen
MLP AG	Marschollek, Lautenschläger und Partner AG
Mrd.	Milliarden
Nr.	Nummer
o.ä.	oder ähnliches
OVB GmbH	Objektive Vermögensberatung GmbH
p.a.	per annum
S.	Seite

StGB	Strafgesetzbuch
UWG	Gesetz gegen den unlauteren Wettbewerb
Vgl.	Vergleiche
WpHG	Wertpapierhandelsgesetz
z.B.	zum Beispiel
KG	Kommanditgesellschaft

1 Einleitung

1.1 Problemstellung

Das stetig wachsende Privatvermögen in Deutschland führt zu einem steigenden Bedarf an professioneller Beratung und Betreuung rund um den Themenkomplex Kapitalanlage, Vermögensbildung, Finanzplanung und Erbschaft. Ohne kompetente Beratung werden finanzielle Entscheidungen oft zufällig und ohne Abstimmung untereinander getroffen. Die Konsequenz besteht in einer suboptimalen Vermögensstruktur mit eventuell existenzgefährdender Unterversorgung im Absicherungsbereich und unzureichender Liquiditätsplanung.

Abbildung 1.1: Entwicklung des Geldvermögens der Privaten Haushalte in der Bundesrepublik Deutschland 1970 - 1999

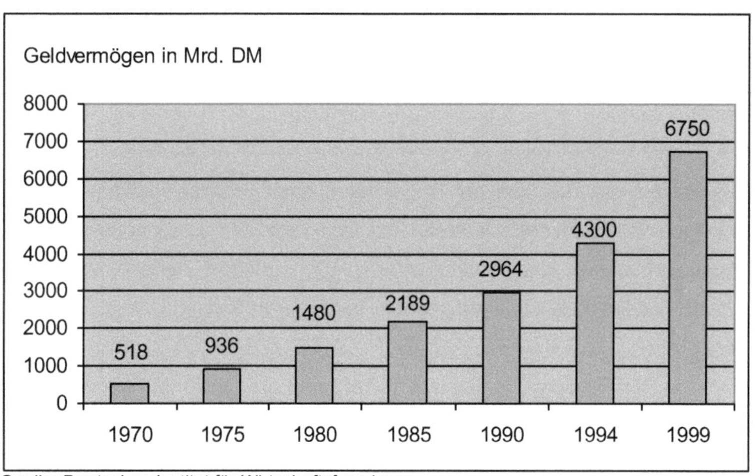

Quelle: Deutsches Institut für Wirtschaftsforschung

Hinzu kommt, dass immer mehr Kunden eine Beratung wünschen, die konsequent auf ihre Wünsche und Ziele eingeht und bei welcher der Kunde selbst im Mittelpunkt steht. Verschafft man sich einen Überblick über den sehr umfangreichen Markt der Anbieter von Finanzdienstleistungen, ist festzustellen, dass eine Beratung in den seltensten Fällen neutral und objektiv stattfindet. Bei vielen Beratern steht die Provisionsmaximierung vor dem Kundeninteresse.

Bei der Betrachtung der traditionellen Finanzberatung lässt sich sehr schnell erkennen, dass hier die verschiedenen Planungsbereiche (z.B. Vermögensanlage, Erbschaftsplanung, steuerliche Aspekte etc.) in der überwiegenden Mehrzahl der Fälle isoliert behandelt werden. Eine Abstimmung untereinander erfolgt nicht. Die für den Kunden mögliche optimale Lösung wird so meistens verfehlt.

Eine Lösung bietet die Private Finanzplanung.[1] Das Konzept der Privaten Finanzplanung hat seinen Ursprung in den USA und ist dort bereits seit Ende der 60er Jahre bekannt. Eine Entwicklung auf dem deutschen Markt hat erst vor etwa zehn bis fünfzehn Jahren begonnen. Dies ist im wesentlichen auf zwei Entwicklungslinien zurückzuführen. Zum einen ist die zunehmende Intensivierung des Wettbewerbs im gesamten Finanzdienstleistungsbereich zu beobachten, was durch die zunehmende Globalisierung und den vermehrten Einsatz von Informations- und Kommunikationstechnologien noch verstärkt wird. Zum anderen sind parallel dazu soziodemographische Veränderungen, sowie ein grundlegender Wertewandel bei Nachfragern nach Finanzdienstleistungen zu verzeichnen. Basis dieses Wandels sind sich verändernde Einkommens- und Vermögensstrukturen der Privathaushalte, abnehmende Kundenloyalität gegenüber Finanzinstituten und steigendes Renditebewußtsein.

Im Rahmen der Privaten Finanzplanung wird nun das gesamte finanzielle Umfeld eines Kunden als Ganzes betrachtet. Bei der Analyse wird auf die individuellen Wünsche des Kunden eingegangen und entsprechend der Mentalität ein Gesamtkonzept erstellt, welches alle Planungsbereiche in ein Gleichgewicht bringt.

---

[1] Die Begriffe „Private Finanzplanung" und „Financial Planning" werden in dieser Arbeit synonym verwendet.

1.2 Gang der Untersuchung

Im Einklang mit den Ausführungen im Rahmen der Problemstellung wird die Zielsetzung der Arbeit darin gesehen, die Beratungsansprüche, welche die Certified Financial Planner an die Private Finanzplanung stellen herauszuarbeiten und darzustellen, welchen Kontrollen sie unterliegen und welche Anforderungen an die Berater selbst gestellt werden. Es findet ein Vergleich zwischen zertifizierten Anbietern von Privater Finanzplanung und nicht-zertifizierten Anbietern statt. Weiteres Ziel ist die Herausarbeitung der Position der Privaten Finanzplanung in Deutschland, wie sie umgesetzt wird und wie zukünftige Entwicklungstendenzen verlaufen können.

Abbildung 1.2: Gang der Untersuchung

1. Einleitung		
1.1 Problemstellung		1.2 Gang der Untersuchung

2. Grundlegende Elemente der Privaten Finanzplanung		
2.1 Traditionelle Beratungsansätze		2.2 Das Konzept der Privaten Finanzplanung

3. Anbieter der Privaten Finanzplanung		
3.1 Einführung	3.2 Zertifizierte Anbieter	3.3 Nicht-zertifizierte Anbieter

4. Kritische Würdigung		
4.1 Die Dienstleistung Privaten Finanzplanung	4.2 Certified Financial Planner versus nicht-zertifizierte Anbieter	4.3 Die Dienstleistungsvergütung

5. Ausblick

Zur Realisierung der angestrebten Zielsetzung gliedert sich die Arbeit in vier Kapitel. Das im Anschluss an die Einleitung folgende zweite Kapitel behandelt zunächst die am Markt vorhandenen traditionellen Beratungsansätze. Danach wird eingehend das Konzept der Privaten Finanzplanung erläutert.

Kapitel 3 beschäftigt sich mit den Anbietern der Dienstleistung Private Finanzplanung. Unterschieden wird dabei in zertifizierte und nicht-zertifizierte Anbieter. Diese beiden Gruppen werden hinsichtlich ihrer Qualifikation und Arbeitsweise untersucht.

Das im Anschluss daran folgende 4. Kapitel beinhaltet eine kritische Würdigung der Privaten Finanzplanung als solches und befasst sich mit den Risiken und Chancen, die sich sowohl für Kunden als auch für Anbieter aus dieser Beratungsform ergeben. Daneben werden die verschiedenen Vergütungsmodelle und Anbieterformen durchleuchtet.

Mit dem Thema der Privaten Finanzplanung wird sich im deutschsprachigen Raum erst seit wenigen Jahren beschäftigt. Dies gilt sowohl für die wissenschaftliche Auseinandersetzung mit der Thematik als auch für die professionelle Umsetzung bei den Finanzdienstleistern. Aus diesem Grund ist die zur Verfügung stehende Literatur nicht besonders umfangreich. Ein Teil der Informationen dieser Arbeit wurde durch Recherchen im Internet auf den Seiten von Finanzdienstleistungsanbietern und Verbänden gewonnen. Zusätzlich flossen Informationen aus persönlichen Gesprächen mit Brancheninsidern und eigene Erfahrungen aus 6 Jahren Bankpraxis mit ein.

2 Grundlegende Elemente der Privaten Finanzplanung

2.1 Traditionelle Beratungsansätze

Ausgehend von den Vorgaben des Kunden (gewünschte Sicherheit der Anlage, Bindungsfristen, Nachsteuerrendite etc.) suchen die Anbieter aus ihrer Angebotspalette passende Möglichkeiten heraus. Diese ist vom Umfang her begrenzt und je größer der Anbieter, desto größer ist in der Regel sein Produktangebot. Alle großen inländischen Bankinstitute verfügen über eine breite Produktpalette für fast alle Standardanforderungen. Kleinere Finanzdienstleister sind meistens auf ein Gebiet spezialisiert, für das sie eigene Produkte offerieren oder von Dritten speziell für ihren Bedarf erstellen lassen. Ansonsten greifen sie auf Angebote der großen Finanzunternehmen, wie z.B. Banken, Versicherungen oder Investmenthäuser zurück.[2]

Dieser als „produktorientierte Beratung" bezeichnete Ansatz wird in vier verschiedenen Ausprägungen am Markt praktiziert:

1. Produktorientierter Beratungsansatz

Bei diesem Ansatz wird mit dem Kunden in der Regel nur über ein Produkt gesprochen. Als traditionelles Beispiel ist hier der Vertrieb über Banken und Versicherungen zu nennen, der allerdings nicht mit dem klassischen Allfinanzgedanken in Einklang zu bringen ist.[3] Meist werden nur einzelne Produkte oder Produktarten betrachtet, während eine ganzheitliche Vorgehensweise fehlt. Produkte werden dem Kunden auch aktionsbezogen angeboten. Dies bedeutet, dass innerhalb eines bestimmten Zeitraumes eine bestimmte Produktart (z.B. Bausparverträge) sehr stark favorisiert wird. Im Vordergrund steht vor allem die Erreichung eines bestimmten Volumenziels um zusätzliche Erlöse zu erwirtschaften.

---

[2] Vgl. Kruschev, Wesselin: Private Finanzplanung: Die neue Dienstleistung für anspruchsvolle Anleger, Wiesbaden 1999, S. 11
[3] ebenda

Abbildung 2.1: Produktorientierter Beratungsansatz

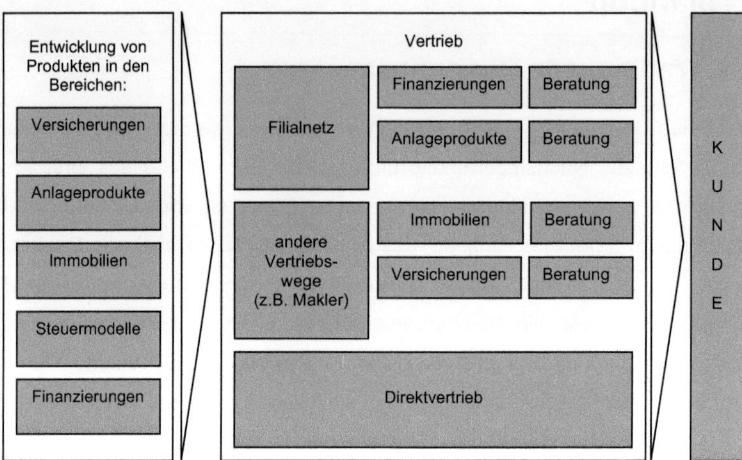

Quelle: Kruschev, Wesselin: Private Finanzplanung: Die neue Dienstleistung für anspruchsvolle Anleger, Wiesbaden 1999, S. 12

2. Problemorientierter Beratungsansatz

Bei Kunden vorhandene typische Problemstellungen werden durch standardisierte Produkte - häufig als komplette Pakete - gelöst. Die meisten Strukturvertriebe (AWD, DVAG, OVB etc.) bedienen sich dieses Ansatzes. Hierbei wird als nachteilig bezeichnet, dass die Zielgruppen sehr breit gefasst sind, somit eine große Streuungsbreite bei der Abdeckung des konkreten Bedarfs entsteht und dadurch die individuelle Bedürfnisse nur unzureichend berücksichtigt werden. [4]

3. Zielgruppenorientierter Beratungsansatz

Im Vordergrund steht die lebenslange Betreuung des einzelnen Kunden, der sehr oft einer bestimmten Zielgruppe (Akademiker, Ärzte etc.) angehört. Hierzu bedarf es einer genauen Kenntnis der Bedürfnisse dieser Zielgruppe. Die Produkte und Dienstleistungen werden für diese Gruppe eingekauft bzw. entwi-

---

[4] Vgl. Kruschev, Wesselin: Private Finanzplanung: Die neue Dienstleistung für anspruchsvolle Anleger, Wiesbaden 1999, S. 11

ckelt. Durch diese Spezialisierung baut sich der Anbieter in diesem Marktsegment eine hohe Kompetenz auf. Die Vorgehensweise ist lediglich eine Weiterentwicklung des problemorientierten Beratungsansatzes, die nur teilweise dessen Nachteile kompensiert. Einer der größten und bekanntesten Anbieter ist die MLP AG, Heidelberg.[5]

4. Individueller bedarfsorientierter Beratungsansatz

Abbildung 2.2: Bedarfsorientierter Beratungsansatz

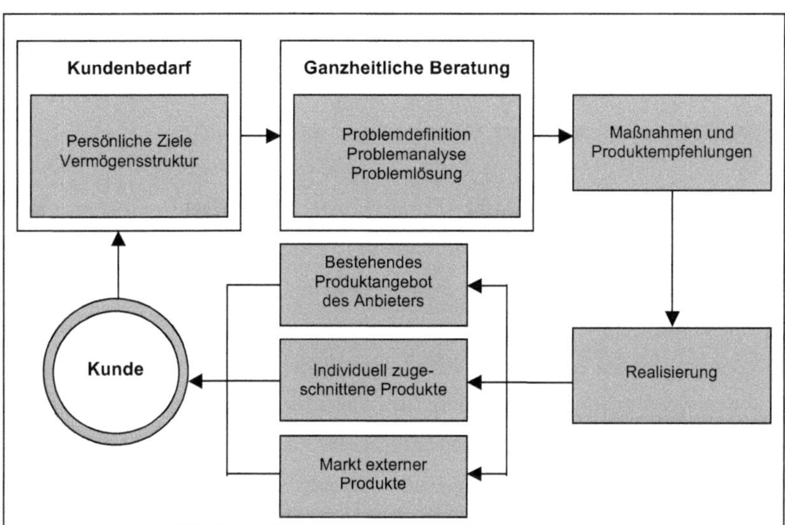

Quelle: Kruschev, Wesselin: Private Finanzplanung: Die neue Dienstleistung für anspruchsvolle Anleger, Wiesbaden 1999, S. 16

Beim individuellen bedarfsorientierten Ansatz steht der einzelne Kunde im Mittelpunkt. Zur Zielgruppe gehören hauptsächlich vermögende Privatkunden, welche einen erhöhten Betreuungs- und Beratungsbedarf haben. Diese Form der

---

[5] Vgl. Kruschev, Wesselin: Private Finanzplanung: Die neue Dienstleistung für anspruchsvolle Anleger, Wiesbaden 1999, S. 12

zielorientierten Finanzplanung wird z.B. von der Dresdner Vermögensberatung GmbH und der NordLB angeboten.[6]

Bei allen oben genannten Beratungsvarianten finanziert sich das beratende Unternehmen bzw. der einzelne Berater über die offen oder verdeckt im Produkt enthaltenen Provisionen.[7] Es ist nicht Aufgabe des Beraters einen unmittelbaren Vergleich der durch ihn angebotenen Produkte und möglicher Konkurrenzangebote zu bewerkstelligen. Vielmehr liegt der Schwerpunkt darauf, aus der ihm zur Verfügung stehenden Produktpalette den Bedarf des Kunden zu befriedigen. Dies kann ein wesentlicher Nachteil für den Kunden bedeuten, da die Gefahr besteht, dass nur durchschnittliche oder sogar unterdurchschnittliche Produkte in die Überlegungen mit einbezogen werden. Produkte welche die Spitze des Marktes darstellen, bleiben so sehr oft außen vor.

Die Produktentwicklung der Unternehmen orientiert sich sehr häufig an externen Faktoren, wie z.B. Konkurrenzangeboten, Erreichen einer möglichst großen Kundengruppe oder an aktuellen Gesetzesänderungen und nicht am tatsächlich vorhandenen Kundenbedarf. Durch den Verkauf eines solchen Produktes wird möglicherweise ein einzelnes Problem des Kunden gelöst, allerdings ohne Berücksichtigung der Gesamtsituation. Im Extremfall kann ein kurzfristig und auf den ersten Blick passendes Finanzprodukt den Kunden langfristig deutlich von seinen persönlichen Zielen und Wünschen entfernen. Komplexe steuerliche Probleme verdeutlichen sehr schnell die Grenzen der produktbezogenen Beratung.

---

[6] Vgl. Kruschev, Wesselin: Private Finanzplanung: Die neue Dienstleistung für anspruchsvolle Anleger, Wiesbaden 1999, S. 12
[7] ebenda

2.2 Das Konzept der Privaten Finanzplanung

2.2.1 Definition

Private Finanzplanung ist die ganzheitliche, umfassende und lebenszyklus-orientierte Betrachtung des Kunden unter Berücksichtigung von Anlage-, Vorsorge-, Nachfolge-, Finanzierungs- und Steueraspekten. Es werden alle Vermögensteile, die eventuell vorhandenen Verbindlichkeiten, Einnahmen und Ausgaben, aber auch notwendige persönliche Informationen und Zielvorstellungen des Kunden erfasst.[8] Damit steht sie im Kontrast zu einer partiellen, auf einzelne Teilaspekte konzentrierten Betrachtungsweise. Bei den finanziellen Entscheidungen der Privatkunden wird ein starker Fokus auf die individuellen Wünsche und Ziele gelegt.[9]

Die Idee der Privaten Finanzplanung wurde Mitte der 80er Jahre von Albrecht Graf Matuschka aus den USA importiert. Im Jahre 1991 wurde die Matuschka Privatfinanz von der Commerzbank übernommen und seitdem unter dem Namen Commerz Finanz-Management fortgeführt. Seit dieser Zeit ist eine verstärkte Entwicklung der Privaten Finanzplanung auch bei anderen Unternehmen sowie selbständigen Anbietern zu beobachten.

Als Darstellungsform bedienen sich die Finanzplaner der betriebswirtschaftlichen Instrumente Bilanz, Gewinn- und Verlustrechnung sowie der Einnahmen- und Ausgabenrechnung. Damit wird die Vermögenssituation nicht nur für den aktuellen Zeitpunkt, sondern auch für einen längeren und in der Zukunft liegenden Zeitraum dargestellt. Die Private Finanzplanung ist als laufender Prozess mit regelmäßiger Anpassung zu verstehen.

---

[8] Vgl. ebs-Finanzakademie. 29.03.2001. Online im Internet: URL: http://www.ebs-finanzakademie.de/finanzialplanning/main/finanzial_planning.htm
[9] Vgl. Kruschev, Wesselin: Private Finanzplanung: Die neue Dienstleistung für anspruchsvolle Anleger, Wiesbaden 1999, S. 17

2.2.2 Aufgaben

Die Festlegung konkreter, realistischer und finanzieller Ziele zusammen mit der sorgfältigen Analyse der jetzigen finanziellen Lage schafft ein solides Fundament für die Ausarbeitung relevanter Strategien zur Zielerreichung. Die systematische Umsetzung des Finanzplans erhöht die Chancen auf Erreichung der Ziele. Ein Finanzplan kann effektiv überwacht werden. Es lässt sich rechtzeitig erkennen, ob und welche Änderungen vorgenommen werden sollten.

Die Aufgaben des Finanzplaners bestehen darin, das gesamte finanzielle Umfeld des Kunden zu erkunden, zu analysieren und evtl. in Zusammenarbeit mit dem Kunden ein stimmiges Gesamtkonzept zu entwickeln. In einigen Fällen kann der Berater die Analyse in Zusammenarbeit mit Spezialisten (z.B. Steuerberater) durchführen.[10]

Die individuelle Situation eines Menschen ändert sich in der Regel mehrmals im Leben. Aus diesem Grund ist eine turnusmäßige Überwachung und Überprüfung notwendig, verbunden mit eventuellen Änderungen, sofern der Bedarf, die individuelle Situation des Anlegers oder Ereignisse in der Umwelt (wie z.B. Steuer- oder Marktveränderungen) eine Anpassung notwendig erscheinen lassen. Der persönliche Finanzplan deckt so den spezifischen Bedarf und spiegelt die individuelle Situation des Anlegers wider.

Ein professionell erstellter Finanzplan ermöglicht die persönliche und zukunftsgerichtete Gestaltung der privaten Liquiditäts- und Vermögenssituation und bietet eine Grundlage für komplexe Anlageentscheidungen zur Optimierung der Vermögensstruktur.

---

[10] Vgl. Kruschev, Wesselin: Private Finanzplanung: Die neue Dienstleistung für anspruchsvolle Anleger, Wiesbaden 1999, S. 131

2.2.3 Bestandteile der Privaten Finanzplanung

Die Private Finanzplanung umfasst folgende vier Gebiete:

1. Liquiditätsplanung

Bei der Liquiditätsplanung wird die Sicherstellung der Zahlungsfähigkeit und die Ermittlung des Liquiditätsüberschusses analysiert. Sie dient als notwendige Grundlage für das gesamte Vermögensmanagement.[11]

2. Existenzsicherung

Eine unzureichende Absicherung gefährdet eventuell alle Einkommensquellen. Hauptsächlich die eigene Arbeitskraft und das Vermögen sind hier zu nennen.[12]

3. Vermögensaufbauplanung

Die Vermögensaufbauplanung beinhaltet ein speziell auf den Kunden zugeschnittenes Sparprogramm. Es dient als Leitlinie zur Erreichung seiner individuellen Ziele.[13]

4. Vermögensstrukturierung

Die Zusammensetzung des Vermögens sollte die Risikobereitschaft des Kunden abbilden, welche im engen Zusammenhang mit den erzielbaren Renditen steht. Auch die Zusammensetzung in Kurz-, Mittel- und Langfristanlagen ist Bestandteil der Vermögensstrukturierung.[14]

2.2.4 Grundsätze ordnungsmäßiger Finanzplanung

Aufgrund der relativ jungen Entwicklungsgeschichte und seiner Größe ist der Markt für Private Finanzplanungen in Deutschland gut überschaubar. Im Dezember 1995 wurde die DGF Deutsche Gesellschaft für Finanzplanung e.V. in

---

[11] Vgl. Böckhoff, Michael/Stracke, Guido: Der Finanzplaner: Handbuch der privaten Finanzplanung und individuellen Finanzberatung, Heidelberg 1999, S. 19
[12] ebenda
[13] Vgl. Böckhoff, Michael/Stracke, Guido: Der Finanzplaner: Handbuch der privaten Finanzplanung und individuellen Finanzberatung, Heidelberg 1999, S. 20
[14] ebenda

Bad Homburg gegründet. Seither wurde an der Entwicklung über Mindestanforderungen an Financial Planning – den Grundsätzen ordnungsmäßiger Finanzplanung (GoF) – gearbeitet. Die Grundsätze ordnungsmäßiger Finanzplanung sind von der Struktur her mit den Grundsätzen ordnungsmäßiger Buchführung vergleichbar, auch wenn für die Grundsätze ordnungsmäßiger Finanzplanung keine gesetzliche Grundlage existiert.[15]

„Schon heute dienen die GoF als Maßstab für die Tätigkeitsbewertung von Finanzplanern im Rahmen der Lizenzierung zum Certified Financial Planner (CFP) durch den DEVFP Deutscher Verband Financial Planner, Frankfurt."[16]

Zukünftig ist davon auszugehen, dass immer mehr Bezug auf die GoF genommen wird, da einerseits die Zahl der Finanzplaner mit CFP-Lizenzierung steigen wird und andererseits Anbieter die Normen und Standards für ihren Marktauftritt nutzen werden. Eine ausführliche Beschreibung der CFP-Lizenz wird im weiteren Verlauf dieser Arbeit noch vorgenommen.

Die Grundsätze ordnungsmäßiger Finanzplanung umfassen im Einzelnen folgende Positionen:

1. Vollständigkeit

Vollständigkeit bedeutet, dass alle Kundendaten zweckadäquant erfasst und analysiert werden. Die Analyse sollte alle Vermögensgegenstände und Verbindlichkeiten, Einnahmen und Ausgaben, notwendige persönliche Informationen und die Abbildung des persönlichen Zielsystems des Kunden beinhalten.[17]

---

[15] Vgl. Tilmes, Rolf: Financial Planning im Private Banking: Kundenorientierte Gestaltung einer Beratungsleistung, Bad Soden/Ts. 2000, S. 39
[16] Tilmes, Rolf: Financial Planning im Private Banking: Kundenorientierte Gestaltung einer Beratungsleistung, Bad Soden/Ts. 2000, S. 41
[17] Vgl. Böckhoff, Michael/Stracke, Guido: Der Finanzplaner: Handbuch der privaten Finanzplanung und individuellen Finanzberatung, Heidelberg 1999, S. 32

2. Vernetzung

Hierunter versteht man alle Wirkungen und Wechselwirkungen der einzelnen Daten in Bezug auf Vermögensgegenstände und Verbindlichkeiten, auf Einnahmen und Ausgaben unter Berücksichtigung persönlicher, rechtlicher, steuerlicher und volkswirtschaftlicher Faktoren. [18]

3. Individualität

Individualität bedeutet, den Kunden in seiner Gesamtheit zu erfassen. Dazu gehört seine Person, sein familiäres und beruflichen Umfeld, seine persönlichen und finanziellen Ziele und Bedürfnissen, die den Mittelpunkt der Finanzplanung darstellen. Verallgemeinerungen sind möglichst auszuschließen.[19]

4. Richtigkeit

Die Finanzplanung ist fehlerfrei, nach dem jeweils aktuellen Gesetzgebungsstand und nach anerkannten Methoden der Finanzplanung durchzuführen. „Neben der Objektivität und Richtigkeit der Planung ist die Wiederholbarkeit der Finanzplanung ebenfalls sicherzustellen, so dass jederzeit eine Veränderung der aktuellen Situation im Vergleich zum Basisfall abgerufen werden kann."[20]

5. Verständlichkeit

Die Finanzplanung zuzüglich ihrer Ergebnisse sind so zu präsentieren, dass der Kunde sie versteht und nachvollziehen kann. Die während der Finanzplanung gestellten Fragen sollen im Rahmen des Gesprächs beantwortet werden. Trends und Kennzahlen, die in der Analysephase aufgezeigt werden, sollen für den Kunden leicht zu erkennen sein.[21]

---

[18] Vgl. Böckhoff, Michael/Stracke, Guido: Der Finanzplaner: Handbuch der privaten Finanzplanung und individuellen Finanzberatung, Heidelberg 1999, S. 33
[19] Vgl. Böckhoff, Michael/Stracke, Guido: Der Finanzplaner: Handbuch der privaten Finanzplanung und individuellen Finanzberatung, Heidelberg 1999, S. 34
[20] Böckhoff, Michael/Stracke, Guido: Der Finanzplaner: Handbuch der privaten Finanzplanung und individuellen Finanzberatung, Heidelberg 1999, S. 34
[21] Vgl. Böckhoff, Michael/Stracke, Guido: Der Finanzplaner: Handbuch der privaten Finanzplanung und individuellen Finanzberatung, Heidelberg 1999, S. 34

6. Dokumentationspflicht

Die Finanzplanung einschließlich ihrer Ergebnisse soll dem Kunden in schriftlicher oder anderer geeigneter Form zur Verfügung gestellt werden.[22]

7. Einhaltung der Berufsgrundsätze

Ein Finanzplaner muss die für ihn geltenden Berufsgrundsätze – Integrität, Vertraulichkeit, Objektivität, Neutralität, Kompetenz und Professionalität – beachten. Die Überwachung übernimmt der DEVFP Deutsche Verband Financial Planners.[23]

Die Grundsätze ordnungsmäßiger Finanzplanung schaffen die Rahmenbedingungen für den Beratungsprozeß. Daher lassen sie Freiräume für Interpretationen und die kreative Gestaltung der Beratungsinhalte offen. Die Inhalte der Grundsätze sind zum großen Teil Auslegungssache und können bei unterschiedlicher Interpretation Widersprüche aufwerfen.[24] Zur Verdeutlichung soll hier das Merkmal „Richtigkeit" untersucht werden.

Bei den Analyseberechnungen ist es wichtig, auf welche Modelle und Methoden die Berechnungen aufgebaut sind. Methodische Unterschiede können sich stark auf die Ergebnisse von Zukunftsplanungen auswirken. Wird z. B. die vorhandene Liquidität bis zum Eintritt ins Rentenalter einmal mit 6 % p.a. und einmal mit 8 % p.a. angelegt, erhält man zwei differierende Ergebnisse. Dennoch können beide richtig sein. Daraus lässt sich erkennen, dass es bei der Planung auch auf die Sichtweisen und Einschätzungen des Finanzplaners ankommt.

2.2.5 Der Beratungsprozess

Aus dem Bereich der Unternehmen ist bekannt, dass ein systematischer und klar strukturierter Planungsprozess zum Erfolg führt. Die Private Finanzplanung

---

[22] Vgl. Böckhoff, Michael/Stracke, Guido: Der Finanzplaner: Handbuch der privaten Finanzplanung und individuellen Finanzberatung, Heidelberg 1999, S. 35
[23] ebenda
[24] Vgl. Kruschev, Wesselin: Private Finanzplanung: Die neue Dienstleistung für anspruchsvolle Anleger, Wiesbaden 1999, S. 20

überträgt diesen Sachverhalt in den Privatbereich von Kunden. Der unstrukturierte und oftmals zufallsbedingte Vermögensaufbau wird durch eine umfassende und bedarfsorientierte Finanzplanung ersetzt.[25]

Durch den Beratungsablauf werden die erforderlichen Rahmenbedingungen für eine qualitativ hochwertige Beratung geschaffen. Nur ein systematischer und vollständiger Arbeitsplan ermöglicht eine auf den Kunden zugeschnittene Private Finanzplanung.

Abbildung 2.3: Der Beratungsablauf

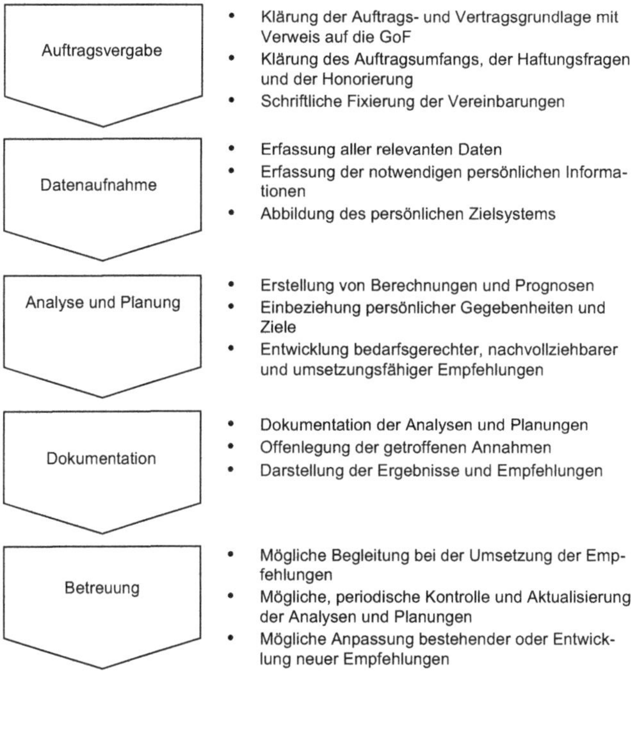

---

[25] Vgl. Kruschev, Wesselin: Private Finanzplanung: Die neue Dienstleistung für anspruchsvolle Anleger, Wiesbaden 1999, S. 70

Basis der Finanzplanung ist eine ausführliche Bestandsaufnahme des Vermögens, der Verbindlichkeiten sowie der Einnahmen und Ausgaben des Kunden. Auch persönliche Informationen sind wichtig, um das Risikoprofil des Kunden besser verstehen zu können. Die aufgenommenen Daten werden mit Hilfe von EDV-Programmen analysiert und zukünftige Entwicklungen aufgezeigt. Im Vordergrund stehen dabei die persönliche Berufs- und Lebenssituation des Kunden sowie seine individuellen Ziele und Wünsche. Danach können erste Aussagen über die Liquidität und das Nettovermögen getroffen werden.

Die Auswertung ermöglicht einen strukturierten Überblick über die aktuelle Vermögenslage. Sie zeigt, ob mit der bisher verfolgten Strategie die Ziele des Kunden erreicht werden oder ob Handlungsbedarf besteht. Im Rahmen eines umfangreichen Strategiegespräches werden dem Kunden entsprechende Empfehlungen unterbreitet. Diese sind zusammen mit den Ergebnissen der Analyse in einem persönlichen Gutachten festzuhalten. Damit besteht für den Kunden die Möglichkeit, auch zu einem späteren Zeitpunkt die Einzelheiten noch nachvollziehen zu können.[26]

Das Ergebnis der Privaten Finanzplanung - ein persönlicher, schriftlicher Finanzplan - ist produktneutral und bei jedem beliebigen Produktanbieter umsetzbar.

2.2.6   Instrumente

Durch ein systematisches Vorgehen in der Privaten Finanzplanung mit Hilfe von Instrumenten, welche die Komplexität der ganzheitlichen Betrachtung der Finanz- und Vermögenssituation von Privatkunden auf ein bestimmtes Niveau reduzieren, kann zwischen Kunden und Anbieter ein zielorientierter Dialog geführt werden. Die Instrumente helfen dabei, die finanziellen Strukturen und per-

---

[26] Vgl. Kruschev, Wesselin: Private Finanzplanung: Die neue Dienstleistung für anspruchsvolle Anleger, Wiesbaden 1999, S. 70

sönlichen Vorstellungen der Kunden sowie die Ertrags- und Risikoerwartungen für jetzt und die Zukunft übersichtlich darzustellen.[27]

In Anlehnung an betriebliche Vorgehensweisen haben sich in der Praxis drei Instrumente fest etabliert:

- Private Bilanzen zur Darstellung des Vermögens
- Private Einnahmen-/Ausgabenrechnung zur Beurteilung der Risikosituation
- Private Gewinn- und Verlustrechnung zur Ermittlung des Vermögensbildungspotentials und zur Renditebeurteilung

1. Privatbilanz

„Eine Privatbilanz ist eine tabellarische und auf einen bestimmten Zeitpunkt bezogene Gegenüberstellung aller Vermögensgegenstände und Schulden."[28]

Die Angaben in der Bilanz sind stichtagsbezogen. Das Ziel der Aufstellung ist die Berechnung des Nettovermögens, die Vermögensstrukturierung und die Kontrolle über die Vermögensentwicklung. Der Kunde soll seine aktuelle Vermögenssituation in der Bilanz wiedererkennen.[29]

---

[27] Vgl. Tilmes, Rolf: Financial Planning im Private Banking: Kundenorientierte Gestaltung einer Beratungsleistung, Bad Soden/Ts. 2000, S. 51

[28] Böckhoff, Michael/Stracke, Guido: Der Finanzplaner: Handbuch der privaten Finanzplanung und individuellen Finanzberatung, Heidelberg 1999, S. 111

[29] Vgl. Böckhoff, Michael/Stracke, Guido: Der Finanzplaner: Handbuch der privaten Finanzplanung und individuellen Finanzberatung, Heidelberg 1999, S. 120

Abbildung 2.4: Gliederung einer privaten Bilanz

Aktiva	Passiva

1. Immobilien
    Selbstgenutzte Wohnimmobilien
    Vermietete Wohnimmobilie
    Gewerbeimmobilien
    Immobilien als Kapitalanlage
	1. Verbindlichkeiten
	    Annuitätendarlehen
	    Tilgungsdarlehen
	    Endfällige Darlehen

2. (Unternehmens-) Beteiligungen
    Aktive Beteiligungen
    Passive Beteiligungen
	2. Eigenkapital

3. Forderungen
    Beteiligungsfonds Ost
    Steuerguthaben
    Sonstige Forderungen	

4. Kapitalversicherungen
    Kapitallebensversicherung
    Rentenversicherung	

5. Sonstige Vermögenswerte
    Bausparguthaben
    Leasingfonds	

6. Liquides Vermögen
    Sparanlagen
    Festgeld
    Aktien (Aktienfonds)
    Festverzinsliche Wertpapiere
    Sonstiges liquides Vermögen	

Summe	Summe

Quelle: Kruschev, Wesselin: Private Finanzplanung: Die neue Dienstleistung für anspruchsvolle Anleger, Wiesbaden 1999, S. 101

2. Einnahmen- und Ausgabenrechnung

„In der Einnahmen- und Ausgabenrechnung werden alle Einnahmen und Ausgaben gegenübergestellt. Betrachtet werden damit Veränderungen des Geldvermögens des Kunden."[30]

---

[30] Vgl. Böckhoff, Michael/Stracke, Guido: Der Finanzplaner: Handbuch der privaten Finanzplanung und individuellen Finanzberatung, Heidelberg 1999, S. 153

Der Kunde erhält mit der Einnahmen- und Ausgabenrechnung einen Überblick über sein Haushaltseinkommen. Durch die Strukturierung werden vorhandene Kosteneinsparungspotentiale aufgedeckt und Quellen von Zusatzeinnahmen erkannt. Sie bildet die Basis für die Vermögens- und Liquiditätsplanung und ermöglicht dadurch die Planung der zukünftigen Ausgaben sowie die Errechnung verfügbarer Einkommensteile für die Vermögensbildung.[31]

3. Gewinn- und Verlustrechnung

In der Gewinn- und Verlustrechnung werden im Unterschied zur Einnahmen- und Ausgabenrechnung Wertveränderungen berücksichtigt, die bis zum Stichtag noch nicht realisiert wurden.[32] Sie vermittelt dem Berater genaue Erkenntnisse über die Rendite einzelner Anlageobjekte sowie des Gesamtvermögens. Bestehende Möglichkeiten zur Renditeerhöhung werden ebenso aufgezeigt wie die Ergebnisse nach der Umsetzung von Empfehlungen.

---

[31] Vgl. Böckhoff, Michael/Stracke, Guido: Der Finanzplaner: Handbuch der privaten Finanzplanung und individuellen Finanzberatung, Heidelberg 1999, S. 153
[32] Vgl. Böckhoff, Michael/Stracke, Guido: Der Finanzplaner: Handbuch der privaten Finanzplanung und individuellen Finanzberatung, Heidelberg 1999, S. 191

3 Anbieter der Privaten Finanzplanung

3.1 Einführung

In Deutschland haben sich in den letzten Jahren unter anderem die folgenden Anbieter aus unterschiedlichen Finanzdienstleistungssegmenten mit dem Themenkomplex „Private Finanzplanung" beschäftigt:

Abbildung 3.1: Financial Planning Anbieter in Deutschland

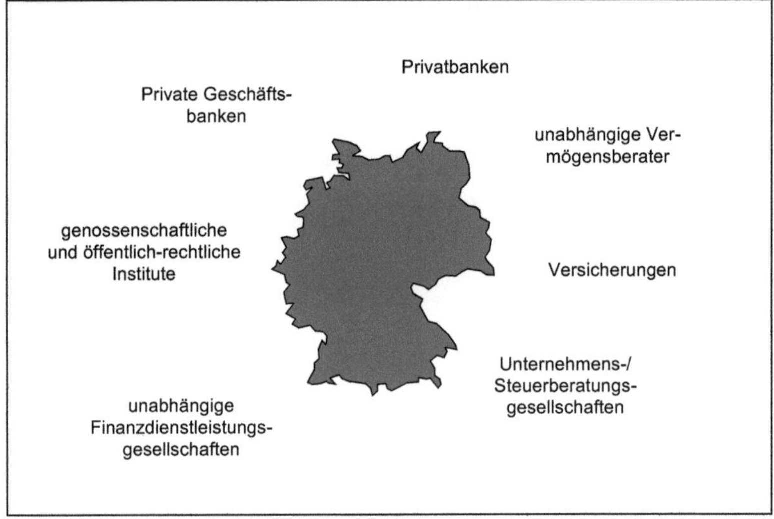

• Private Geschäftsbanken

ABN AMRO FinanzplanungsGmbH

Bayerische Hypo- und Vereinsbank

BHF-Bank

Commerz Finanz-Management GmbH

Deutsche Bank Trust

Dresdner Bank Private Banking

- Privatbanken

Bethmann Vermögensbetreuung

Delbrück & Co.

Hauck & Aufhäuser Privatbankiers KGaA

Bankhaus Hermann Lampe KG

Sal. Oppenheim jr. & Cie.

Trinkhaus und Burkhardt

UBS Schröder Münchmeyer Hengst AG

- genossenschaftliche und öffentlich-rechtliche Institute

DG Capital Management

NordLB

WGZ-Bank

- unabhängige Vermögensberater

CPM-Gesellschaft für Vermögensberatung und -verwaltung mbH

Private Finanzplanung Kühn

Vogelsang & Sachs

Wolf Finanzplan

- unabhängige Finanzdienstleistungsgesellschaften

AWD

Bonnfinanz

DVAG

MLP AG

ZSH GmbH Finanzdienstleistungen

- Versicherungen

Allianz

Axa Colonia

Hamburg-Mannheimer

- Unternehmens-/Steuerberatungsgesellschaften

Banking Consult Unternehmensberatung GmbH

Dr. Weihe, Sutor, Westhoff

Die genannten Anbieter bedienen sich unterschiedlicher Vorgehensweisen und setzen unterschiedliche Schwerpunkte in ihrer Beratungsleistung. Die Auflistung ist nur eine Auswahl der Hauptanbieter und erhebt keinen Anspruch auf Vollständigkeit.

Im weiteren Verlauf dieser Arbeit werden die Anbieter nach Zertifizierten und Nicht-zertifizierten unterschieden sowie hinsichtlich ihrer differierenden Arbeitsweisen und Ansprüchen untersucht.

3.2 Zertifizierte Anbieter

3.2.1 Überblick

Dienstleistungen für vermögende Privatkunden werden derzeit von Personen erbracht, die sich unterschiedliche Bezeichnungen gegeben haben: Vermögensberater, Vermögensverwalter, Anlageberater, Financial Consultant, Finanzberater, Privatkundenbetreuer, Finanzdienstleister. Keine dieser Bezeichnungen ist Indiz für eine fundierte Ausbildung und entsprechende Qualifikation, um Kunden kompetent, bedürfnisgerecht und objektiv zu beraten.

Zusätzlich ist eine umfassende und vernetzte Analyse der Situation des Anlegers wichtig, die vom Finanzplaner eine unvoreingenommene und objektive Betrachtung erfordert; durch diese Vorgehensweise ist sichergestellt, dass die vom Berater identifizierten Wege zum Erreichen der Ziele des Mandanten auch mit den tatsächlichen Vorstellungen des Anlegers übereinstimmen.[33]

---

[33] Vgl. Kruschev, Wesselin: Private Finanzplanung: Die neue Dienstleistung für anspruchsvolle Anleger, Wiesbaden 1999, S. 17

Private Finanzplaner leisten individuelle Beratung auf höchstem Niveau. Damit wird den Kunden geholfen, ihre Vermögensanlagen nach Ertrags- und Steuergesichtspunkten neu zu schichten. Jeder Kunde hat ein anderes Risikoprofil, das ebenso zu bedenken ist wie die derzeitige und zukünftige Einkommenssituation, die Risikovorsorge über Versicherungen, die steuerliche Optimierung im Erbfall etc.

An den Fachberater, der die Private Finanzplanung durchführt, müssen daher hohe Anforderungen gestellt werden. Diese Anforderungen beziehen sich sowohl auf die fachlichen Fähigkeiten als auch auf die persönlichen Eigenschaften des Finanzplaners.

Gerade der persönliche Eindruck ist wichtig um ein besonderes Vertrauensverhältnis zwischen Berater und Kunde aufzubauen. [34] Der Berater ist bei seiner Analyse auf die Mitarbeit seines Kunden angewiesen, da dieser ihn mit den notwendigen Informationen versorgt. Hat der Kunde kein Vertrauen zu seinem Finanzberater können wertvolle Informationen verschwiegen werden. Das Ergebnis der Analyse wird dadurch verfälscht und kann zu falschen Schlussfolgerungen führen.

Der Certified Financial Planner (CFP) berät Privatkunden in ihren Finanzangelegenheiten auf Basis der Grundsätze ordnungsmäßiger Finanzplanung. Er ist spezialisierter Berater des Kunden und bewegt sich dabei im Rahmen der Beratungsgrundsätze. [35] Der CFP verfügt über das gesamte Wissensspektrum des Finanz-, Geld-, Kredit-, Immobilien- und Versicherungswesen. Er hat seine Qualifikation nachgewiesen, seine Erfahrung und Kompetenz unter Beweis gestellt und befolgt die Verpflichtung zur ständigen Weiterbildung.

---

[34] Vgl. Kruschev, Wesselin: Private Finanzplanung: Die neue Dienstleistung für anspruchsvolle Anleger, Wiesbaden 1999, S. 128
[35] Vgl. Kruschev, Wesselin: Private Finanzplanung: Die neue Dienstleistung für anspruchsvolle Anleger, Wiesbaden 1999, S. 132

3.2.2 Entwicklung

Bei dem großen Angebot an Finanzplanern auf dem deutschen Markt ist es wichtig, eine allgemein anerkannte Beschreibung des Berufsbildes des Finanzplaners zu erstellen. Mit diesem Berufsbild werden sowohl persönliche als auch fachliche Anforderungen definiert, an denen sich die seriösen Anbieter am Markt orientieren sollten. [36]

Die Deutsche Gesellschaft für Finanzplanung wurde im Jahr 1995 als erste Berufsorganisation der Finanzplaner geschaffen. Wichtigstes Kriterium bei der Auswahl der Mitglieder ist die Einhaltung der Grundsätze ordnungsmäßiger Finanzplanung. Der 1997 gegründete DEVFP Deutscher Verband Financial Planners, koppelt die Voraussetzungen für eine Mitgliedschaft an die Erfüllung besonderer Kriterien. Alle Mitglieder müssen Inhaber einer CFP-Lizenz sowie natürliche Personen sein.

Als wichtigste Ziele dieser zwei Verbände sind zu nennen:

- „die öffentliche Etablierung der Dienstleistung Private Finanzplanung
- die Definition der Inhalte einer Finanzplanung
- die Schaffung des Berufsbildes eines Finanzplaners
- die öffentliche Vermittlung des Nutzens der bedarfsorientierten Beratung"[37]

Mit der Gründung des DEVFP Deutscher Verband Financial Planners wird auch in Deutschland eine Lizenzierung zum CFP angeboten. Diese Lizenz wird als internationales Gütesiegel für Finanzplaner verstanden, welches sich an objektiven Vorgaben orientiert, strengen Regeln unterliegt und weltweit anerkannt ist. Sie bietet gegenüber Kunden und Öffentlichkeit den Nachweis von Seriosität und dokumentiert die höchste Qualifikationsstufe im Finanzdienstleistungsbereich.[38]

---

[36] Vgl. Kruschev, Wesselin: Private Finanzplanung: Die neue Dienstleistung für anspruchsvolle Anleger, Wiesbaden 1999, S. 128

[37] Kruschev, Wesselin: Private Finanzplanung: Die neue Dienstleistung für anspruchsvolle Anleger, Wiesbaden 1999, S. 29

[38] Vgl. Kruschev, Wesselin: Private Finanzplanung: Die neue Dienstleistung für anspruchsvolle Anleger, Wiesbaden 1999, S. 129

Seit der Einführung im Jahre 1972 haben sich laut Aussage des DEVFP Deutscher Verband Financial Planners weltweit 60.000 Finanzdienstleister zu den hohen Aus- und Weiterbildungsstandards für private Finanzplanung sowie den ethischen Beratungsregeln des CFP Boards freiwillig verpflichtet. In Deutschland gibt es bis heute ca. 570 Finanzplaner mit CFP-Lizenz.

Die Lizenzierung in Deutschland erfolgt über den DEVFP Deutscher Verband Financial Planners unter Anwendung der 4-E-Regel.[39]

Dabei müssen die Finanzplaner folgende Voraussetzungen erfüllen:

- Ausbildung / **E**ducation: Umfangreiche Ausbildung und erfolgreicher Abschluss als Finanzökonom
- Prüfungen / **E**xamination: im Rahmen seiner Ausbildung hat sich der Finanzplaner diversen Prüfungen unterzogen, um seinen Kenntnisstand dokumentieren zu können; zusätzlich erfolgt eine 180 minütige Zentralprüfung beim DEVFP, die praxisnahe Financial-Planning-Fallbeispiele zum Inhalt hat
- Erfahrung / **E**xperience: erforderlich sind mindestens 3 Jahre Berufserfahrung im Finanzdienstleistungsbereich, davon mindestens 1 Jahr im Bereich „Financial Planning"
- Ethische Regeln / **E**thics: der Lizenznehmer erkennt die ethischen Regeln an, vertritt diese gegenüber dem Kunden und handelt entsprechend

Eine weitere Aufgabe des Verbandes besteht darin, den Ausbildungsstand sicherzustellen und die Einhaltung der ethischen Regeln zu kontrollieren. Sollte ein Finanzplaner nicht den Standards entsprechend handeln, gegen die Berufsgrundsätze verstoßen oder sich nicht kontinuierlich weiterbilden, werden Sanktionen gegen ihn eingeleitet. Dies kann sogar soweit führen, dass die vergebene Lizenz zurückgenommen wird.[40]

---

[39] Vgl. DEVFP Deutscher Verband Financial Planner: Lizenzierungsbedingungen – die Garantie für strenge Auswahl.04.03.2001. Online im Internet: URL: http://www.cfp.de/main/lizenzierungsbedgg.htm
[40] Vgl. DEVFP Deutscher Verband Financial Planner: Ein Berufsbild erhält eine schärfere Kontur. 04.03.2001. Online im Internet: URL: http://www.cfp.de/main/berufsbild.htm

3.2.3 Qualifikation und Ausbildung der Finanzplaner

Der Certified Financial Planner CFP ist weltweit das Gütesiegel für die höchste Qualifizierungsstufe im Finanzberatungsbereich.

Ein CFP muß eine umfangreiche Ausbildung durchlaufen und diese mit einer Prüfung erfolgreich abschließen. Zusätzlich hat er sich ständig weiterzubilden.

Voraussetzung für die Ausbildung zum CFP ist ein abgeschlossenes Hochschulstudium, vorzugsweise im wirtschaftswissenschaftlichen oder juristischen Bereich. Außerdem ist eine mehrjährige Berufserfahrung in den Bereichen Privatkundenberater, Finanzplanung oder Vermögensberatung erforderlich.

Das Ziel der Ausbildung ist die Schaffung von Generalisten mit vertieften Spezialkenntnissen in den zentralen Bereichen der Finanzplanung. Dabei stellt sich die Frage, wie eine Person dieses Wissen beherrschen kann. In der Praxis werden zur Behandlung einzelner Problemstellungen im Rahmen der Finanzplanung externe Spezialisten (z.B. Steuerberater) aus den verschiedenen Fachgebieten hinzugezogen. Damit ist gewährleistet, dass die Ziele und Vorstellungen des Kunden möglichst optimal realisiert werden.

3.2.4 Berufsgrundsätze des Financial Planners

Die Berufsgrundsätze, die der CFP gegenüber der Öffentlichkeit und seinen Kunden zu erfüllen hat, gelten der Anerkennung von moralischen und ethischen Grundsätzen. Sie sind für alle Finanzplaner verbindlich und dienen zur Unterstützung bei der Ausübung aller tätigkeitsbezogenen Aufgaben.

1. Integrität

„Der Financial Planner hat das vom Kunden in ihn gesetzte Vertrauen und Zutrauen durch ein Höchstmaß an Integrität zu erfüllen. Das Streben nach persönlicher Bereicherung und individuellen Vorteilen hat der Financial Planning zu unterlassen."[41]

2. Vertraulichkeit

„Der Financial Planner hat die ihm von seinem Kunden bereitgestellten Informationen absolut vertraulich zu behandeln. Er darf vertrauliche Kundeninformationen nicht bekannt- oder weitergeben, es sei denn, der betreffende Kunde hat ihm seine Erlaubnis erteilt oder der Financial Planner ist aufgrund eines gerichtlichen Verfahrens bzw. anderer behördlicher Ermittlungen zur Herausgabe von Kundeninformationen verpflichtet."[42]

3. Objektivität

„Objektivität erfordert strenge Sachlichkeit sowie Unvoreingenommenheit. Unabhängig von seiner beruflichen Stellung und von den jeweiligen Aufgaben hat der Finanzplaner seine Objektivität zu wahren und jegliche Unterordnung, die zu einer Verletzung dieser Berufsgrundsätze führen würde, zu vermeiden.[43]

4. Neutralität

„Neutralität bedeutet Unparteilichkeit im Interesse des Kunden. Der Financial Planner hat gegenüber Kunden, Kollegen und Arbeitgebern Interessenskonflikte offenzulegen. Persönliche Vorstellungen, Vorurteile und Ziele sind konfligierenden Interessen unterzuordnen."[44]

5. Kompetenz

„Der Finanzplaner hat dafür Sorge zu tragen, das notwendige Kompetenzniveau zu erreichen, zu bewahren und auszubauen, bspw. durch geeignete Fort- und Weiterbildungsmaßnahmen. Kompetentes Verhalten bedeutet auch, even-

---

[41] DEVFP Deutscher Verband Financial Planners: Berufsgrundsätze, in : DEVFP Deutscher Verband Financial Planners: Tätigkeitsdefinitionen und ethische Grundregeln zum Certified Financial Planner, Frankfurt 1998, S. 5
[42] ebenda
[43] ebenda
[44] DEVFP Deutscher Verband Financial Planners: Berufsgrundsätze, in : DEVFP Deutscher Verband Financial Planners: Tätigkeitsdefinitionen und ethische Grundregeln zum Certified Financial Planner, Frankfurt 1998, S. 5-6

tuelle Zweifelsfälle und Grenzsituationen zu erkennen und in solchen Fällen Hilfe von kompetenten Dritten in Anspruch zu nehmen. Andernfalls muss der Financial Planner den Kunden über die fehlende Kompetenz informieren. „[45]

6. Professionalität

„Der Financial Planner hat seine Tätigkeit fachmännisch auszuüben und seinen Berufsstand mit Würde und Respekt zu vertreten, um das öffentliche Ansehen seines Berufsstandes zu stärken. Der Financial Planner hat die Verpflichtung mit anderen Berufskollegen konstruktiv zusammenzuarbeiten."[46]

3.2.5 Arten von Certified Financial Planners

3.2.5.1 Angestellte

Zur Zeit gibt es angestellte CFP's überwiegend im Bereich der großen Banken und deren Tochtergesellschaften sowie bei Privatbanken. Ein möglicher Nachteil kann sich daraus ergeben, dass der CFP häufig auf die Produktpalette seines Arbeitgebers angewiesen ist. Dies widerspricht den ethischen Grundregeln des CFP, da er nicht vollkommen frei entscheiden kann, sondern letztendlich eine Verpflichtung seinem Arbeitgeber gegenüber hat.

3.2.5.2 Selbständige

Selbständige CFP's können die ethischen Regeln und Berufsgrundsätze am einfachsten einhalten, da sie nur sich selbst verpflichtet sind. Allerdings benötigen sie einen genügend großen Kundenstamm, um ihre Kosten zu decken und betriebswirtschaftlich arbeiten zu können.

---

[45] DEVFP Deutscher Verband Financial Planners: Berufsgrundsätze, in : DEVFP Deutscher Verband Financial Planners: Tätigkeitsdefinitionen und ethische Grundregeln zum Certified Financial Planner, Frankfurt 1998, S. 7
[46] ebenda

3.2.6   Vergütung

Der bei der Finanzplanung entstehende Aufwand muss entsprechend vergütet werden, da es sich um eine entgeltpflichtige Dienstleistung handelt. Das Beratungshonorar ermöglicht eine Betrachtung, die frei von Interessenskonflikten ist und sich ausschließlich auf die Belange des Anlegers konzentriert.

Eine angemessene Vergütung garantiert ein höheres Maß an Neutralität, da die Berater nicht um jeden Preis gezwungen sind, Produkte zu vertreiben, um mittels Provisionseinnahmen ihre Kosten zu decken.

Kostenfrei erstellte Vorsorgechecks oder Finanzplanungen dienen meist dem alleinigen Angebot firmeninterner Produkte und sind somit nur raffinierte Verkaufsförderungsmaßnahmen.

Nur wenn der Finanzplaner nicht auf die Provision angewiesen ist, kann er den Kunden neutral beraten.

Damit das recht hohe Beratungshonorar als gerechtfertigt angesehen wird, sollte es im richtigen Verhältnis zu den angebotenen Leistungen stehen. Die Finanzplanung ist auf keinen Fall billig, sie bietet unter Berücksichtigung der Vorteile für den Kunden ein angemessenes Preis-/Leistungsverhältnis und kann aus diesem Grund im allgemeinen als preiswert bezeichnet werden.[47]

3.3 Nicht-zertifizierte Anbieter

3.3.1   Überblick

Wie bereits festgestellt wurde, gibt es in Deutschland ca. 570 Finanzplaner mit CFP-Lizenz. Bei den meisten Anbietern, die vorgeben im Bereich der Finanzplanung tätig zu sein, handelt es sich um nicht-zertifizierte Angestellte oder

---

[47] Vgl. Kruschev, Wesselin: Private Finanzplanung: Die neue Dienstleistung für anspruchsvolle Anleger, Wiesbaden 1999, S. 135

Selbständige. Allein die Deutsche Vermögensberatung (DVAG) gibt an, dass ca. 25.000 Vermögensberater für sie tätig sind.[48]

Das Angebot an Finanzplanern ohne Zertifizierung ist sehr weitreichend und wird unter den verschiedensten Bezeichnung angeboten, wie z. B. Vermögensverwalter, Anlageberater, Financial Consultant, Finanzkaufmann und Vermögensberater um nur einen kleinen Teil aus den verwendeten Titeln zu nennen. Diese Bezeichnungen unterliegen keinem gesetzlichen Schutz. Sie müssen sich ausschließlich an den allgemein gültigen Bestimmungen, wie z.B. StGB, HGB, BGB, UWG und GewO, orientieren.[49]

Der Eintritt in den Markt der Anbieter und Vermittler von Finanzdienstleistungen wird nicht durch Eintrittsbarrieren erschwert. Ein Qualifikationsnachweis ist grundsätzlich nicht erforderlich, da für diese Tätigkeit kein geschütztes Berufsbild existiert. Eine Vielzahl von Anbietern besitzt dennoch eine qualifizierte Ausbildung, wie z.B. eine Bank- oder Versicherungslehre.[50]

In dieser Arbeit werden die nicht-zertifizierten Anbieter in vier Gruppen unterteilt: Banken, Versicherungen, Finanzdienstleistungsvertriebe und selbständig tätige Anbieter. Diese Einteilung vermittelt den besten Überblick in einem zum Teil sehr unübersichtlichen Gesamtmarkt.

Eine Bank kann die von ihr selbst bereitgestellten Finanzdienstleistungen mit Hilfe des eigenen Filialnetzes oder durch Gründung/Erwerb eines Finanzdienstleistungsvertriebes in den Markt bringen. Die Deutsche Bank z.B. vertreibt ihre Leistungen sowohl über die eigenen Filialen als auch mit Hilfe der Bonnfinanz AG, die zur Unternehmensgruppe der Deutschen Bank gehört.

---

[48] Vgl. DVAG: Das Unternehmen - Die Nr. 1 weltweit! 05.05.2001. Online im Internet: URL: http://www.dvag.de/unternehmen.html
[49] Vgl. Walz, Hartmut: Unabhängiger Vertrieb von Finanz- und Vorsorgedienstleistungen für private Kunden in der Bundesrepublik Deutschland: Eine Analyse unter dem Transaktionskostenaspekt, Darmstadt 1991, S. 20
[50] ebenda

Eine Versicherung hat die Möglichkeit ihre Leistungen durch angestellte Berater, aber auch über das Filialnetz einer verbundenen Bank am Markt anzubieten, wie dies z.B. bei der Allianz AG der Fall ist. Sie bedient sich im Vertrieb sowohl eigener Mitarbeiter als auch des Filialnetzes der Dresdner Bank mit der sie kapitalmäßig verflochten ist.

Eine Sonderstellung nimmt die MLP AG ein. Diese hat sich früher ausschließlich mit dem Vertrieb von Finanzdienstleistungen an Akademiker beschäftigt. Seit der Gründung einer eigenen Versicherung und der Breitstellung von Bankdienstleistungen in einer eigenen Bank ist die MLP AG nicht mehr als reiner Finanzdienstleistungsvertrieb anzusehen.

Im Fortgang der Untersuchung wird auf die oben genannten Verflechtungsmöglichkeiten nicht eingegangen. Der Hauptaugenmerk bleibt auf dem Kerngeschäft der jeweiligen Gruppe. Aus diesem Grund werden die einzelnen Gruppen wie folgt definiert:

- Banken sind „Hersteller" von Finanzprodukten und vertreiben diese primär über ihr Filialnetz.
- Versicherungen stellen Versicherungsleistungen zur Verfügung, die sie über ihren hauseigenen Vertrieb dem Privatkundenmarkt anbieten.
- Finanzdienstleistungsvertriebe und Selbständige werden als reine Absatzmittler betrachtet, die Finanzprodukte gegen Entgelt (Provision) im Markt plazieren. Über die Gruppe der reinen Honorarberater ohne CFP-Lizenz, die im Rahmen ihrer selbständigen Tätigkeit ihren Klienten Rat gegen Entgelt (Honorar) geben, ohne jegliche Vermittlung von Produkten, liegen keine detaillierten Erkenntnisse vor.

3.3.2 Banken

3.3.2.1 Überblick

Im Rahmen des breiten Privatkundengeschäftes findet keine Finanzplanung wie sie in den vorangegangenen Kapiteln beschrieben wurde statt. Es werden zwar bei Anlageberatungen regelmäßig Kundendaten erhoben, wie z.B. Einkommens- und Vermögensverhältnisse und bisherige Erfahrungen bei Kapitalanlagen, dies allerdings hauptsächlich zur Einhaltung der gesetzlichen Vorgaben durch das WpHG oder das KWG (bei Finanzierungen), welches die Bank verpflichtet vom Kunden diese Auskünfte einzuholen. Die meisten Beratungsansätze sind dennoch rein produktorientiert. Durch die Vorgabe von zentralen Umsatzzielen für spezielle Produkte, die auf die einzelnen Vertriebseinheiten herunter gebrochen werden, ist der Berater in erster Linie darauf bedacht seine persönlichen Vertriebsziele zu erfüllen.

Finanzplanung wird in den meisten Fällen nur für vermögende Privatkunden unter der Bezeichnung „Private Banking" o.ä. angeboten. Damit die Kunden von diesen speziellen Beraterteams betreut werden sind bestimmte Haushaltsnettoeinkommen oder Mindestvermögen erforderlich. Als Beispiel sei hier die Betreuung durch ein „Privates Investoren Team" bei der HypoVereinsbank genannt, welches vermögende Privatkunden ab einem monatlichen Nettoeinkommen von 12.500 DM oder einem Nettovermögen von 1 Mio. DM und mehr berät.

Häufig findet die Betreuung dieser Kunden auch durch Tochterunternehmen der großen Banken statt. Dies hat z.B. die Dresdner Bank mit der Dresdner Vermögensberatungsgesellschaft mbH und die Commerzbank mit der CFM Commerz Finanz-Management GmbH umgesetzt.

Unabhängige Privatbanken (wie z.B. Berenberg, Delbrück, Hauck & Aufhäuser oder das Bankhaus Metzler) bieten bereits traditionell eine umfassende Betreuung ab einer bestimmten Vermögenshöhe an. Zusätzlich hat jede Bank Spezialgebiete in denen sie tätig ist, wie z.B. Erbschafts- und Stiftungsmanagement, Regelung der Unternehmensnachfolge oder Steueroptimierung. Seit in Deutschland CFP-Lizenzen erworben werden können, sind bei allen Privatbanken (Ausnahme: Bankhaus Metzler) Berater mit dieser Qualifikation zu finden.[51] Aus diesem Grund werden sie in der weiteren Betrachtung der nicht-zertifizierten Anbieter nicht miteinbezogen.

3.3.2.2 Ausbildung und Qualifikation

Im Bereich der Banken ist festzustellen, dass sämtliche Berater, die mit der Kundenbetreuung beauftragt sind, eine Banklehre absolviert haben. Einige haben zusätzliche Qualifikationen erworben. Darunter ist z.B. der Sparkassenbetriebswirt als interne Weiterbildung der Sparkassen und der Titel Bankbetriebswirt als berufsbegleitende externe Weiterbildung zu nennen. Ein weiterer Teil der Berater hat ein Studium an einer Hochschule absolviert.

3.3.2.3 Vorgehensweise bei der Beratung

Im breiten Privatkundengeschäft wird in den seltensten Fällen eine Analyse der Gesamtsituation vorgenommen. Sucht der Kunde den Kontakt zur Bank, handelt es sich überwiegend um Anfragen zu Einzelproblemen, wie z.B. der Anlage eines bestimmten Betrages oder der Wunsch nach einer Immobilienfinanzierung. Der Kundenbetreuer versucht nun diese Problemstellung mit Hilfe der ihm zur Verfügung stehenden Produktpalette zu lösen. Wird der Kontakt zum Kunden von der Bankseite aus gesucht, ist dies hauptsächlich mit dem Angebot neuer Produkte oder der Umschichtung bestehender Produkte z.B. bei Ablauf der Spekulationsfrist von Wertpapieranlagen der Fall.

Im Verlauf einer Private Banking-Beratung wird die gesamte Vermögenssituation des Kunden betrachtet. Hierzu gehört die Aufnahme sämtlicher Vermögensgegenstände (Immobilien, Wertpapiere etc.) mit den aktuellen Renditen, vorhandene Verbindlichkeiten, der Einkommensverhältnisse, die steuerlich relevanten Daten, Planung der kurzfristigen Liquidität und der Altersvorsorge, Prü-

---

[51] Vgl. Palan, Dietmar/Seeger Christoph: Rendite mit Stil, in: Managermagazin, 29. Jahrgang, Nr. 8/1999, S. 76-85

fung der Absicherung des Kunden und evtl. auch die Erbschaftsplanung, sowie eine Abstimmung mit den Vorstellungen und Wünschen des Kunden. Danach erfolgt eine Überprüfung, ob die bestehenden Geldanlagen und Verträge mit den Zielen und Wünschen des Kunden übereinstimmen oder ob eine Anpassung erfolgen muss. Nachfolgend wird ein Umsetzungsplan erstellt, der eine zielstrebige Umsetzung garantieren soll. Diese Vorgehensweise der Beratung berücksichtigt das gesamte Umfeld des Kunden und bietet damit die Möglichkeit eine optimale Vermögensaufbauplanung und -strukturierung sicherzustellen.

3.3.2.4 Vergütung

Im breiten Privatkundengeschäft erfolgt die Vergütung über im Produkt verdeckt enthaltene (z.B. bei Lebens- und Rentenversicherungen) oder offen ausgewiesene (z.B. die Gebühren beim Aktienkauf) Provisionen.

In den Private Banking Abteilungen kann die Honorierung auf unterschiedlichen Wegen erfolgen. Einerseits über die Bezahlung eines Honorars z.B. für eine Vermögensstrukturanalyse für welche die Commerz Finanz-Management GmbH je nach Komplexität des Vermögens zwischen 6.500 DM und 25.000 DM in Rechnung stellt[52], andererseits über die im Produkt enthaltenen Provisionen.

Im überwiegenden Teil der Beratungen erfolgt die Honorierung auf Provisionsbasis. Hierdurch werden bevorzugt Produkte des eigenen Hauses oder von Tochtergesellschaften angeboten. Dies beschränkt die Auswahlmöglichkeiten von Produkten und somit auch die Objektivität der Beratung.

3.3.3 Versicherungen

3.3.3.1 Ausbildung und Qualifikation

Von wenigen Ausnahmen abgesehen haben fast alle Berater, die sich bei einer Versicherung im Angestelltenverhältnis befinden, eine Ausbildung zum Versicherungskaufmann oder einen höherwertigen Abschluss wie z.B. ein Studium. Zusätzlich gibt es auch zahlreiche freie Berater, die auf Provisionsbasis bezahlt werden und sehr unterschiedliche Qualifikationen aufweisen. Diese reicht vom Mitarbeiter mit nur interner Weiterbildung bei der Versicherung bis zum Berater mit abgeschlossenem Hochschulstudium. Weiterhin ist anzumerken, dass es haupt- und nebenberufliche Mitarbeiter gibt, wobei die hauptberuflichen Vermittler in der Mehrheit sind.

3.3.3.2   Vorgehensweise bei der Beratung

Bis Mitte der 90er Jahre war die Beratung hauptsächlich darauf hin ausgerichtet, dem Kunden bei spezifischen Versicherungsproblemen mit Hilfe von Produkten des Versicherungsunternehmens zu lösen. Eine bloße Ausrichtung auf den Versicherungsschutz als solches erweist sich häufig als zu eng, da sie immer weniger dem veränderten Verhalten der privaten Haushalte gerecht wird.

Die potentiellen Kunden haben im Laufe ihres Lebens wechselnde Bedürfnisstrukturen; den Versicherungsunternehmen kommt dabei stets eine bedeutende Rolle zu. Sie können über den gesamten Lebenszyklus eines Privathaushaltes im Rahmen eines produktorientierten Beratungsansatzes diesem festgelegte Produkte anbieten. Eine umfassende Beratung findet dabei nicht statt. Die zunehmende Komplexität der Bedürfnisstruktur privater Haushalte zeigt die Notwendigkeit einen subjektorientierten Beratungsansatz anzuwenden.

Seit Mitte der 90er Jahre beginnen die Versicherer ihren Kunden auch Geldanlageprodukte (wie z.B. Investmentfonds und Sparpläne) anzubieten, die entweder eigene Produkte darstellen oder von anderen Finanzdienstleistungsunternehmen bezogen werden. Ziel ist es, die bestehenden Kundenbindungen zu festigen. Eine Betrachtung der Gesamtsituation des Kunden findet hierbei jedoch nicht statt, da wiederum nur einzelne Produkte aus dem Portfolio des Versicherungsunternehmens angeboten werden.

---

[52] Vgl. CFM Commerz Finanz-Management: Presseinformation: Finanzplanung am Kunden erklärt. 04.03.2001. Online im Internet: URL: http://www.commerzbank.de/tochter/cfm/p990922.htm [2000]

Neueste Tendenzen weisen darauf hin, dass die Private Finanzplanung im Bereich der Versicherungen Beachtung findet. So möchte z.B. die Hamburg-Mannheimer Versicherung bis Ende 2001 zehn Financial Planning Center mit jeweils 10–15 Mitarbeitern aufbauen. Damit wird den gehobenen Privatkunden (Netto-Haushaltseinkommen zwischen 4.000 DM und 8.000 DM) eine persönliche Finanzplanung gegen Honorar angeboten. Diese Beratung für Vorsorge, Vermögensaufbau und Steueroptimierung soll 275 DM kosten. Angeboten werden den Kunden Produkte der Hamburg-Mannheimer Versicherung, Fonds der Asset Managementgesellschaft Meag, sowie Dachfonds und Bausparprodukte.[53] Auch hier kann man nicht von einer objektiven Beratung ausgehen, da nur Produkte des eigenen Unternehmens angeboten werden.

3.3.3.3   Vergütung

Mit Ausnahme der Financial Planning Center der Hamburg-Mannheimer Versicherung erfolgt eine Vergütung ausschließlich über offen oder verdeckt enthaltene Provisionen.

3.3.4   Finanzdienstleistungsvertriebe

3.3.4.1   Überblick

Unter Finanzdienstleistungsvertrieben sind im Sinne dieser Arbeit die reinen Vermittler von Finanzprodukten zu verstehen. Das heißt, diese generieren keine eigenen Produkte, sondern vermitteln lediglich Produkte von Unternehmen mit denen ein Vertriebsabkommen besteht.

3.3.4.2   Ausbildung und Qualifikation

In den Finanzdienstleistungsvertrieben ist ein extrem breites Ausbildungsspektrum vorzufinden. Dieses reicht vom Mitarbeiter ohne Vorkenntnisse im Finanzbereich über Bank-/Versicherungskaufleute mit mehrjähriger Erfahrung bis hin zu Beratern mit abgeschlossenem Hochschulstudium.

---

[53] Vgl. Reiners, Gisela: Versicherung berät gegen Gebühr: Hamburg-Mannheimer will einer der führenden Finanzdienstleister werden. 03.04.2001. Online im Internet: URL: http://www.welt.de/daten/1997/08/18/0818wi92773.htx

Um Finanzdienstleistungen vermitteln zu dürfen verlangen die meisten Vertriebe von ihren potentiellen Mitarbeitern ein polizeiliches Führungszeugnis, eine Schufa-Auskunft und eine Gewerbeanmeldung. Weiterhin müssen interne Schulungen absolviert werden, die allerdings eine sehr unterschiedliche Qualität aufweisen. Bei den meisten Qualifikationsmaßnahmen handelt es sich zunächst um reine Verkaufsschulungen. Seminare mit fachlichen Inhalten folgen in der Regel erst später.

Um Mitarbeiter in einem Finanzdienstleistungsvertrieb zu werden, ist keine spezielle Ausbildung oder Berufserfahrung erforderlich.

3.3.4.3   Vorgehensweise bei der Beratung

Sämtliche großen Vertriebe bedienen sich einer relativ umfangreichen Analyse, die in einer vom Unternehmen vorgegebenen einheitlichen Struktur (mehrseitige Broschüre) schriftlich erstellt wird.

Bei den untersuchten Vermittlungsgesellschaften (DVAG, AWD, Spectrum KG) besteht die Analyse aus drei Teilen. Der erste Teil beschäftigt sich mit den Zielen und Wünschen des Kunden. Der zweite Teil dient zur Aufnahme sämtlicher bestehender Verträge aus den Bereichen Versicherung/Vorsorge, Geldanlage, Bausparen und Immobilien. Der dritte und letzte Teil dient der Weiterempfehlung des Unternehmens, um neue Interessenten zu gewinnen. Weiterhin wird der Kunde befragt, ob er an einem zusätzlichen Einkommen interessiert sei. Dies dient in erster Linie dem Ziel, weitere zunächst nebenberufliche Mitarbeiter für das Unternehmen zu gewinnen.

Eine ausführliche Auswertung, die auf alle Aspekte der erhobenen Daten eingeht, erfolgte bei keinem der untersuchten Vertriebe. Die Analyse bestand lediglich aus der Aufnahme der Ist-Situation und enthielt keine Projektion in die Zukunft. Auf bestimmte Problembereiche wurde nur hingewiesen, wenn diese speziell durch die Produktpalette des Finanzdienstleisters gedeckt werden konnten. Vorschläge zur Verbesserung der Altersvorsorge und zur Einsparung von Steuern mittels fremdfinanzierter Immobilien waren entsprechend der dem Anbieter zur Verfügung stehenden Produktpalette immer Bestandteil der Empfehlung.

3.3.4.4 Vergütung

Der Kunde honoriert die Vermittlungsleistung über den Erwerb der ihm angebotenen Finanzprodukte, die - wie in den vorhergehenden Gruppen bereits beschrieben - offene oder verdeckte Provisionsbestandteile enthalten.

3.3.5 Selbständig tätige Anbieter

3.3.5.1 Überblick

Bei dieser Gruppe ist eine sehr starke Zersplitterung der Anbieter festzustellen. Viele Anbieter, die am Markt als Finanzplaner oder unter einer Bezeichnung die auf Finanzplanung hinweist (z.B. Financial Consultant) auftreten, haben sich auf bestimmte Gebiete spezialisiert, wie z.B. den Vertrieb von Investmentfonds (Fonds-Shop) oder der Vermittlung steuersparender Kapitalanlagen. Sie praktizieren Finanzplanung daher nicht im umfassenden Sinne wie dies in Kapitel 2.2 beschrieben wurde.

3.3.5.2 Ausbildung und Qualifikation

Die meisten Anbieter haben eine Ausbildung zum Bank- oder Versicherungskaufmann abgeschlossen und/oder ein wirtschaftswissenschaftliches Studium an einer Hochschule absolviert. Selbständige, die keine derartige Ausbildung vorweisen, haben in der Regel eine langjährige Berufserfahrung im Finanzsektor.

3.3.5.3 Vorgehensweise bei der Beratung

Die Berater, die in die Untersuchung mit einbezogen wurden, haben sich keiner strukturierten Analysemethode (Aufnahme der Finanzdaten, Ermittlung der Ziele und Wünsche, Aufzeigen von Handlungsmöglichkeiten etc.) bedient. Im Vordergrund standen Einzelprobleme, welche mit Hilfe der zur Verfügung stehenden Produktpalette gelöst werden sollten.

3.3.5.4 Vergütung

Wie bei der überwiegenden Mehrheit der nicht-zertifizierten Anbieter von Finanzplanung erfolgt die Honorierung der Tätigkeit durch Provisionen. Diese werden nach Vertragsabschluss von den Gesellschaften der vermittelten Produkte ausgezahlt.

4 Kritische Würdigung

4.1 Die Dienstleistung Private Finanzplanung

Die deutliche Zunahme des Geldvermögens der privaten Haushalte bis zum heutigen Zeitpunkt und auch die weiter zu erwartende starke Steigerung in den kommenden Jahren wird den Bedarf an strukturierter Vermögensplanung deutlich erhöhen. Zusätzlich hat bereits eine enorme Vermögensübertragung durch Erbschaft begonnen, die auch einen Wechsel der Kundenmentalität mit sich bringt. Die Ansprüche der Kunden an die Beratungsqualität der Finanzdienstleister, insbesondere die Renditeorientierung, die Forderung nach objektiver Beratung und einer längerfristigen Planung, werden steigen.

Die traditionelle Beratung ist meist produktorientiert und wird von nicht-zertifizierten Beratern angeboten. Die Bezahlung erfolgt in erster Linie auf Provisionsbasis und ermöglicht dadurch keine objektive und neutrale Beratung, da der Berater mit den Provisionen entweder seinen Lebensunterhalt bestreiten muß oder damit zur Zielerreichung seiner durch den Arbeitgeber vorgegebenen Ziele beiträgt. In den meisten Fällen fehlt eine ganzheitliche, umfassende und lebenszyklus-orientierte Betrachtung des Kunden. Damit besteht keine Kenntnis über die Gesamtstruktur des Vermögens sowie die Einkünfte des Kunden und kann somit zu eventuellen Fehlberatungen führen.

Das Beratungskonzept der Privaten Finanzplanung schließt diese Nachteile weitgehend aus und bietet dadurch dem Kunden eine umfangreiche Analyse seiner aktuellen Situation. Sie garantiert eine ganzheitliche Betrachtung durch die Einbeziehung aller wichtigen Bereiche (Liquiditätsplanung, Existenzsicherung, Vermögensaufbauplanung und –strukturierung) unter Berücksichtigung der persönlichen Ziele und Wünsche.

Durch die umfangreiche Analyse der Finanzsituation wird es dem Kunden ermöglicht, seine individuellen Ziele und Vorstellungen zu erreichen. Der Kunde erhält einen vollständigen Überblick über seinen aktuellen und zukünftigen Finanz- und Vermögensstatus mit allen Schwachstellen, Risiken und Chancen. Bei der Analyse werden nicht nur die finanziellen sondern auch die individuellen Ziele des Kunden miteinbezogen. Die nach Priorität geordneten Ziele und Vorhaben bilden einen Leitfaden für den Abgleich der persönlichen Anlegermentalität mit den bisherigen Investitionen. Für evtl. auftretende Deckungslücken, die sich aus der sorgfältigen Analyse ergeben, werden in Zusammenarbeit mit dem Kunden optimale Lösungsvorschläge erarbeitet.

Der umfassende Überblick über die aktuelle Vermögenslage sowie über Einnahmen und Ausgaben des Haushalts ermöglicht das Aufdecken von gegebenenfalls vorhandenem Kostensenkungspotential. Mit der Privaten Finanzplanung wird für den Kunden eine bedarfsorientierte Strategie für den stetigen Vermögensaufbau entwickelt. Die daraus entstehende Checkliste unterstützt den Kunden bei zukünftigen Entscheidungen bezüglich seiner Vermögens- und Finanzangelegenheiten. Zusätzlich wird die permanente Kontrolle über den Vermögensstatus deutlich erleichtert.

Der aus der Privaten Finanzplanung hervorgehende schriftliche Finanzplan ist produktneutral. Er bietet so dem Kunden bei der Umsetzung freie Wahl bei den am Markt angebotenen Produkten.

Der Anbieter der Dienstleistung Private Finanzplanung hat durch die intensive und persönliche Beratung des Kunden die Möglichkeit, eine langfristige Kundenbeziehung aufzubauen. Er wird zum professionellen Manager der gesamten Privatfinanzen des Kunden. Seine Aufgabe besteht darin, den individuellen Bedarf des Kunden zu erkennen und Lösungen in Form konkreter Produktarten (z.B. Absicherung der Familie durch eine Risikolebensversicherung) anzubieten. Durch die Steigerung der Kundenzufriedenheit ist der Kunde auch bereit, den Berater weiter zu empfehlen, was positiv zur Neukundengewinnung beitragen kann.

Der Berater arbeitet aktiv mit dem Kunden. Mit Hilfe von konkreten Maßnahmen und Empfehlungen wird der Kunde bei der Umsetzung unterstützt. Durch die umfassende Kenntnis der Kundensituation ist eine qualifizierte Beratung möglich und Fehlberatungen werden somit weitgehend vermieden.

Neben den oben aufgeführten Vorteilen und Chancen birgt die Private Finanzplanung auch Nachteile und Risiken in sich.

Die Datenerfassung im Beratungsprozess ist sehr umfangreich und erfordert vom Kunden als auch vom Berater aktive Mitarbeit. Die Private Finanzplanung ist eine entgeltpflichtige Dienstleistung bei der in der Regel eine Honorarpflicht besteht. Die Bandbreite liegt zwischen 3.000 DM und 18.000 DM.[54]

Trotz der umfassenden Analyse gibt es keine Garantie für den Kunden, dass dennoch Fehlentscheidungen getroffen werden, die sich negativ auf die Erreichung seiner finanziellen Ziele auswirken. Des weiteren besteht die Möglichkeit, dass sich der Kunde evtl. mit Fehlern seiner bisherigen Anlageentscheidungen konfrontieren lassen muss.

Für den Anbieter der Privaten Finanzplanung sind mit der Beratung ebenfalls Risiken verbunden. So entstehen für ihn erhebliche Kosten bei der Einführung (z.B. Software) sowie bei der Durchführung und Weiterentwicklung der Dienstleistung „Private Finanzplanung".

---

[54] Vgl. Reittinger, Wolfgang/Stracke Guido/Tilmes, Rolf: Gewinne durch Financial Planning (II), in: Die Bank, Nr. 11/1997, S. 659

Bei sehr umfassenden Problemstellungen ist es sinnvoll, Spezialisten aus anderen Fachbereichen, wie z.B. Steuerberater, Rechtsanwälte oder Anlage- und Versicherungsexperten hinzuzuziehen. Sind die Spezialisten nicht persönlich bekannt, d.h. hat der Berater keine Information über die Kompetenz des Spezialisten, geht er in gewissem Rahmen ein Risiko ein, wenn er sie hinzuzieht.

Eine Private Finanzplanung erfordert vom Kunden als auch vom Berater einen hohen Zeitaufwand. Der Berater begibt sich damit auf eine Gratwanderung zwischen qualifizierter und individueller Beratung einerseits und effizienter Erstellung andererseits.

Die Verpflichtung, dass der Kunde alle Informationen dem Berater bereitstellen muss, setzt ein sehr großes Vertrauen in den Berater voraus. Kundenvertrauen entsteht durch ein hohes Niveau an fachlichen Fähigkeiten in Verbindung mit den persönlichen Eigenschaften des Beraters und bildet so eine Basis, die vollständigen Informationsaustausch ermöglicht. Eine lückenlose Datenaufnahme ermöglicht eine genaue Analyse. Nur so kann der Berater optimale Lösungswege aufzeigen.

4.2 Certified Financial Planner versus nicht-zertifizierte Anbieter

Ein erster Schritt die Seriosität und hohe Qualifikationsstufe eines Beraters zu erkennen, ist durch die Vergabe einer weltweit einheitlichen Lizenz auch in Deutschland entstanden. Der DEVFP Deutsche Verband Financial Planners vergibt die Lizenz eines Certified Financial Planners (CFP) nur an erfahrene, nach klaren Richtlinien ausgebildete Berater mit einem breiten Wissensspektrum in den wichtigsten Bereichen des Finanzmarktes. Zusätzlich verpflichten sich die CFP's, sich an die vereinbarten Berufsgrundsätze zu halten.

Im Markt der nicht-zertifizierten Anbieter hat der Kunde keine Möglichkeit, unter Zuhilfenahme objektiver Kriterien, eine Beraterauswahl zu treffen, obwohl gerade in diesem Bereich aufgrund fehlender Markteintrittsbarrieren extreme Unterschiede in der Ausbildung der Berater möglich sind.

In der Bundesrepublik Deutschland sind nach Expertenschätzungen ca. 500.000 Personen[55] mit dem Vertrieb von Finanzdienstleistungen beschäftigt. Dem gegenüber stehen 570 zertifizierte Finanzplaner. Sie repräsentieren somit ca. 0,1% aller Berater. Der größte Teil des Marktes (mit Ausnahme einiger weniger nicht-zertifizierten Honorarberater) wird somit durch produktorientierte Verkäufer abgedeckt, die durch Bezahlung auf Provisionsbasis oder durch die Orientierung an kurzfristigen Umsatzzielen keine objektive und neutrale Beratung gewährleisten können.

Diese Art der „Beratung" ist aus Kundensicht oberflächlich gesehen kostenfrei, bietet aber im Gegensatz zu einer neutralen Honorarberatung nicht die großen Vorteile einer objektiven Darstellung. Weiterhin fehlt bei den meisten eine systematische und längerfristige Planung sowie eine ganzheitliche, umfassende und lebenszyklus-orientierte Betrachtung des Kunden.

Der Kunde muss sich bei seiner Beraterwahl auf subjektive Kriterien verlassen. Dabei wären z.B. Empfehlungen von Bekannten, Werbung oder direkte Ansprachen zu nennen. Bei den nicht-zertifizierten Beratern gibt es keine Garantie für eine erfolgreiche Beratung. Für den Kunden besteht nur die Möglichkeit sich einen Lebenslauf des von ihm ausgewählten Beraters zeigen zu lassen, um somit einen Überblick über die erworbenen Qualifikationen und vorhandene Berufserfahrung zu erhalten.

Berater mit CFP-Lizenz unterliegen nicht diesen Nachteilen. Die von ihnen erworbene Lizenz garantiert eine korrekt durchgeführte Private Finanzplanung. Der Berater arbeitet ausschließlich für den Kunden, was durch die Einhaltung der Berufsgrundsätze gewährleistet wird. Der Erhalt der Lizenz bürgt für Quali-

---

[55] Walz, Hartmut: Unabhängiger Vertrieb von Finanz- und Vorsorgedienstleistungen für private Kunden in der Bundesrepublik Deutschland: Eine Analyse unter dem Transaktionskostenaspekt, Darmstadt 1991, 20

tät und einen hohen Ausbildungsstandard und bildet somit ein Gütesiegel für eine qualifizierte Beratung.

4.3 Die Dienstleistungsvergütung

Als potentieller Kunde wird jeder angesehen, bei dem der finanzielle Vorteil das Honorar übersteigt. Durch das Entrichten eines Entgeltes für die Beratungsleistung wird die Neutralität und Objektivität des Beratungsgespräches gewahrt. Der Berater wird für seinen finanziellen als auch zeitlichen Aufwand, der ihm bei der Erstellung eines Finanzplans entsteht, entsprechend entlohnt.

Die Höhe und Art des Entgeltes sind in der Bundesrepublik Deutschland weder gesetzlich noch standesrechtlich geregelt. Es liegen auch keine allgemeingültigen Honorar- oder Provisionsordnungen vor. Eine Einschränkung in der Höhe der Vergütung erfolgt ausschließlich über die Kundenakzeptanz.

Dabei sollte die Honorarhöhe auf der einen Seite für den Kunden einfach und schnell zu bestimmen sein, auf der anderen Seite aber auch den Aufwand des Beraters berücksichtigen.

Bankkunden in Deutschland sind es gewohnt, dass Beratungen finanzieller Art für sie kostenlos sind. Laut einer Studie der Beratungsgesellschaft Booz Allen & Hamilton wächst die Bereitschaft bei Personen, die eine Private Finanzplanung in Anspruch genommen haben, höhere Gebühren oder überhaupt Gebühren für eine Beratungsleistung zu akzeptieren. Dennoch wünschen sich ein Drittel der Befragten auch weiterhin eine kostenlose Beratung.

Abbildung 4.1: Preissensitivität bei Kunden mit durchgeführter
Privater Finanzplanung

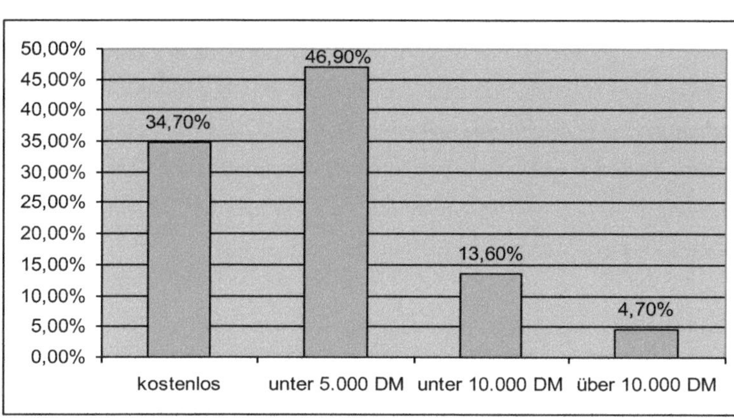

Quelle: Booz Allen & Hamilton: Private Banking – Markt der Zukunft: Strategische
Imperative und Anforderungen aus Kundensicht, Frankfurt 1999, S. 19

Grundsätzlich sind drei Modelle vorstellbar, in der die Vergütung erbracht werden kann.

1. Reine Honorarvergütung:

Die reine Honorarvergütung kann auf Basis unterschiedlicher Grundlagen erfolgen:

- Abhängigkeit vom Zeitaufwand, der für die Erstellung einer Privaten Finanzplanung anfällt

- Abhängigkeit von der Vermögensgröße insgesamt oder von bestimmten Teilen davon

- denkbar ist auch die Berechnung von Pauschalpreisen

Erfolgt die Berechnung des Honorars in Abhängigkeit vom Zeitaufwand bleibt der Kunde über die genaue Honorarhöhe im Ungewissen. Vor Beginn der Beratung kann der zeitliche Aufwand nur grob geschätzt werden. Durch umfangreiche Bestandsaufnahmen und komplizierte Analysen kann sich die Dauer der Beratung erheblich verlängern. Da für das Honorar keine Grenzen nach oben gesetzt werden, kann dies sehr schnell sehr teuer werden. Der evtl. entstehende Mehraufwand zeigt sich allerdings erst im Laufe der Beratung.

Bei dieser Beratungsvergütung besteht der Vorteil darin, dass das Honorar sich am tatsächlichen Aufwand des Beraters orientiert, d.h. der Berater wird für den ihm entstehenden Aufwand ausreichend entschädigt. Der Kunde kann den tatsächlichen Zeitaufwand nicht kontrollieren. Daher besteht für den Berater die Möglichkeit, mehr Stunden abzurechnen, als er tatsächlich mit der Finanzplanung beschäftigt war, um so sein Einkommen zu steigern.

Für den Kunden zeichnet sich als nachteilig aus, dass die Kosten für die Beratung im voraus nicht bestimmt werden können. Es ist jedoch sichergestellt, dass alle Problemstellungen vom Berater genau untersucht werden, um so die best möglichen Empfehlungen aussprechen zu können. Die Realisierung ist freiwillig und bleibt dem Kunden überlassen.

Erfolgt die Berechnung der Honorarhöhe in Abhängigkeit von der Vermögensgröße werden feste Prozent- oder Promillesätze herangezogen. Oftmals ist eine Mindestvergütung vorhanden, die als „Absicherung" bei kleinen Vermögen dienen soll.

Nachteilig für den Kunden erweist sich dabei, dass er bei festgelegten Prozent- oder Promillesätzen dafür bezahlt, dass er im Besitz eines großen Vermögens ist und nicht, dass er eine große und umfassende Beratung benötigt.

2. Reine Provisionsvergütung:
Einige Finanzberater auf dem Markt, insbesondere Versicherungsberater oder Finanzdienstleister, verlangen kein Honorar für die Erstellung einer Analyse. Fraglich dabei ist, inwieweit es sich dabei um eine Private Finanzplanung handelt. Der Anbieter ist wirtschaftlich bei der Umsetzung der Empfehlungen auf die Produkte aus dem eigenen Angebot angewiesen.

Da die Vergütung nicht von Zeitfaktoren abhängig ist, liegt es im Interesse des Beraters viele Beratungsgespräche in möglichst kurzer Zeit zu führen. Daher wird für die einzelne Beratung nur begrenzt Zeit investiert. Dies hat zur Folge, dass die Individualität der Beratung stark eingeschränkt wird und keine qualifizierte Beurteilung der Kundensituation erfolgt.

„Kostenlose" Analysen haben eine sehr standardisierte Form und sind in den meisten Fällen verkaufsorientiert. Es fehlt die Objektivität in der Beratung, da zur Umsetzung der Empfehlungen nur ein begrenztes Produktangebot zur Verfügung steht.

Zu beachten sind mögliche Interessenskonflikte, die sich auf Seiten der Berater ergeben können. Interessenskonflikte können dadurch entstehen, dass der Berater, der seinen Lebensunterhalt mit den Provisionen bestreiten muss, in Versuchung kommt, seinen Kunden vorrangig hochprovisionierte Produkte anzubieten, um dadurch sein eigenes Einkommen zu steigern.

Eine Beratung, die ausschließlich auf Provisionsbasis erfolgt, muss nicht grundsätzlich schlechter sein als eine, bei der die Vergütung auf Honorarbasis erfolgt. Wichtig wäre allerdings, dass die Analyse sorgfältig durchgeführt und der Kunde über die Provisionshöhe informiert wird.

3. Kombination aus Honorar- und Provisionsvergütung
Eine weitere Möglichkeit der Dienstleistungsvergütung besteht in einer Kombination von Honorar- und Provisionsberechnung.

Für die Analyse der individuellen, finanziellen Situation sowie der Erarbeitung einer Optimierungsstrategie stellt der Berater dem Kunden ein Honorar in Rechnung. Bezieht der Kunde bei der Umsetzung der empfohlenen Maßnahmen einzelne Produkte aus dem Portfolio des Anbieters, erhält der Berater dafür noch zusätzlich Provision.

Diese Form der Vergütung ist insbesondere für selbständige Berater geeignet, da diese die Private Finanzplanung als Ergänzung zu den sonst angebotenen Finanzdienstleistungen anbieten können.

In diesem Rahmen sind auch sogenannte „Kick-Back"-Vergütungsmodelle denkbar. Hierbei bezahlt der Kunde ein Honorar für die Durchführung der Beratung. Wird danach die Umsetzung der Empfehlungen beim gleichen Berater vorgenommen, hat er die Möglichkeit, die an ihn ausbezahlte Provision an den Kunden weiterzugeben und mit dem Honorar zu verrechnen. Bei entsprechendem Volumen wird die Private Finanzplanung für den Kunden kostenlos. Diese Möglichkeit schafft einen indirekten Zwang zur Umsetzung der Empfehlungen mit einem bestimmten Partner.

Die Erfahrungen aus den USA zeigen, dass der Anteil der reinen Honorarvergütung nahezu konstant geblieben ist. Der Anteil der reinen Provisionsvergütung ist stark zurück gegangen, während die Kombination aus Honorar- und Provisionsvergütung stark gestiegen ist.

Abbildung 4.2: Anteil der Vergütungsmodelle bei den CFP-Lizenznehmern in den USA

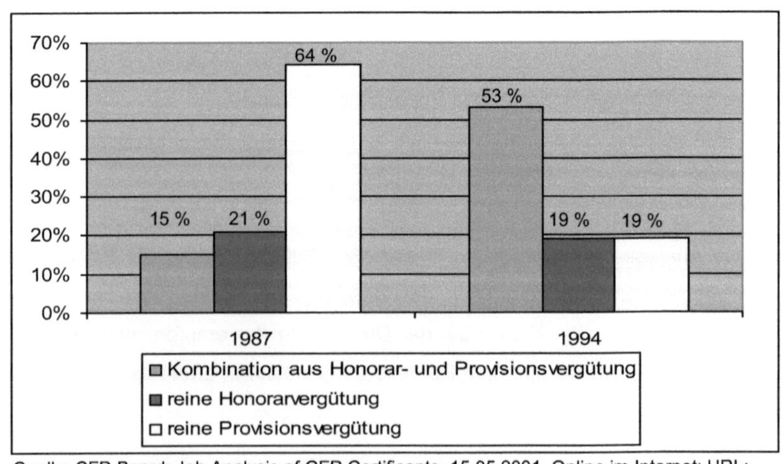

Quelle: CFP-Board: Job Analysis of CFP Certificants. 15.05.2001. Online im Internet: URL: http://www.cfp-board.org/press_1994srvy.html

5 Ausblick

Der sich in Zukunft weiter verstärkende Wettbewerb in der Finanzdienstleis-
tungsbranche wird zu einer kontinuierlichen Adaption bestehender Strukturen
an die veränderten Gegebenheiten führen. Als Gründe für die Verdichtung der
Konkurrenz lassen sich das erweiterte Angebot an neuen Finanzinstrumenten
und die internationale Ausrichtung der Kapitalanlagen anführen.

Um in einem Umfeld verschärfter Wettbewerbsintensität bestehen zu können,
müssen die Anbieter traditioneller Ansätze - mit einer isolierten Fokussierung
auf einzelne absatz- oder servicebezogene Aspekte - diese durch eine ganzheitliche und umfassende Beratung und Betreuung ersetzen.

Abbildung 5.1: Volumensentwicklung der zu vererbenden Vermögenswerte
in Deutschland 1990 - 2010

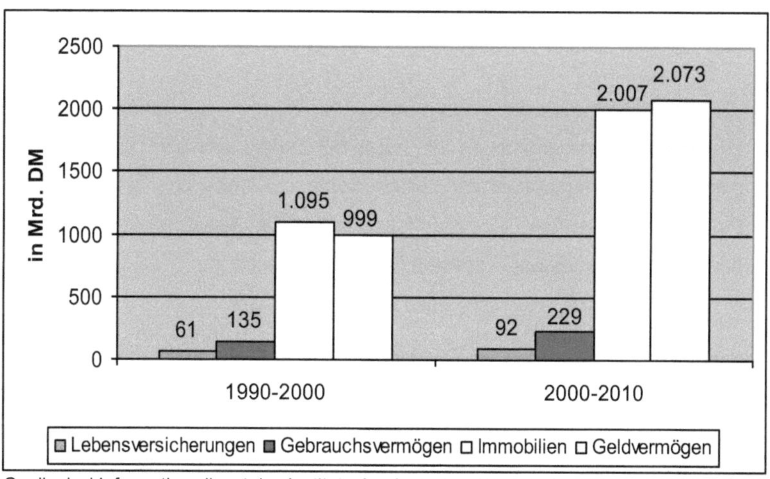

Quelle: iwd Informationsdienst des Instituts der deutschen Wirtschaft Köln: Erbschaften:
Eine wohlhabende Generation, in iwd, 26. Jahrgang, Nr. 26/2000, S. 8

Hinzu kommt, dass in Deutschland das Gesamtvolumen der zukünftigen Vermögensübertragungen durch Erbschaften oder Schenkungen ein erhebliches Wachstum verzeichnen. Laut dem Institut der deutschen Wirtschaft Köln wird die Summe aller Erbschaften in den nächsten 10 Jahren schätzungsweise rund 4,4 Billionen DM betragen.

Die zukünftigen Erben werden immer mehr Gewicht auf hochqualifizierte individuelle Beratung legen. Mit dem höheren Status, welcher durch die Steigerung des Vermögens erreicht wird, nehmen die Erfordernisse für eine individuell zugeschnittene Planung zu. Für die wohlhabenden Haushalte muss es deshalb ein umfassendes Portfolio von individuell zugeschnittenen Finanzdienstleistungen geben. Damit gilt die Private Finanzplanung als zukunftsorientierter Ansatz, der den Wandel vom Produkt- zum Beratungsverkauf gewährleisten kann.

Daneben gibt es weitere demographische, soziale und gesellschaftliche Entwicklungen, welche die Private Finanzplanung nachhaltig beeinflussen.

- „Es entstehen zunehmend alternative Lebensformen, bei denen unverheiratete Partner zusammenleben, die beide berufstätig sind und nicht notwendigerweise in naher Zukunft die Gründung einer Familie oder den Bau eines Eigenheims anstreben. Somit entfallen finanzielle Belastung demnach ganz oder werden zumindest in spätere Perioden verschoben.

- Viele Ehen bleiben absichtlich kinderlos. Die Haushaltsgrößen reduzieren sich und die durchschnittliche Kinderzahl pro Familie ist rückläufig.

- Die Scheidungsrate steigt statistisch und daraus folgen Unterhaltsverpflichtungen führen zu erhöhten Ausgaben. Sollten Geschiedene dann wieder heiraten, so kommt es zu ganz neuen Finanzkonstellationen.

- Jugendliche binden sich später an einen Lebenspartner, später als in früheren Zeiten und/oder bleiben länger im Elternhaus wohnen.

- Die Altersstruktur der Bevölkerung verschiebt sich durch die geringer werdenden Geburtsraten hin zu einem Überhang an älteren Menschen. Aufgrund der damit verbundenen Probleme der Finanzierung der Leistungen der Sozialversicherung wird die Bedeutung der privaten Altersvorsorge zunehmen. Vermögensmanagement und Erbschaftsregelungen werden eine wichtigere Position als früher einnehmen."[56]

Diese Entwicklungen können das finanzielle Planungsverhalten privater Haushalte beeinflussen und somit eine Erhöhung des Bedarfs nach Privater Finanzplanung herbeiführen.

Ein Problem für die weitere Verbreitung dieser Beratungsform könnte allerdings darin liegen, in Deutschland eine honorarpflichtige Dienstleistung durchzusetzen, da der Großteil der Kunden gewöhnt ist, dass Beratung kostenlos erfolgt.

Weiterhin ist fraglich, ob sich eine Private Finanzplanung bei Kunden mit durchschnittlichem Einkommen aufgrund der Honorierung im 4-5 stelligen DM-Bereich überhaupt lohnt.

Sollten die Kosten weiterhin so hoch bleiben ist keine breite Durchsetzung zu erwarten. Die Private Finanzplanung wird aufgrund ihrer Kostenstruktur Kunden des oberen Vermögenssegments vorbehalten bleiben.

Zu erwarten ist allerdings, dass durch den Einsatz guter Planungssoftware, welche den Berater unterstützen und entlasten soll, eine Kostensenkung herbeigeführt werden kann. Dazu kommt eine Preissenkung für die Software, die aufgrund erhöhter Konkurrenz erfolgen wird. Der eintretende Preisvorteil kann vom Berater an den Kunden weitergegeben werden.

---

[56] Schäfer, Henry/Unkel, Steffen: Private Finanzplanung in Deutschland – theoretische und konzeptionelle Grundlagen: Arbeitspapiere zu Finanzmärkten und Finanzdienstleistungen, Arbeitspapier 03/2000, Siegen 2000, S. 18

Somit wird die Private Finanzplanung auch für Kunden mit durchschnittlichem Einkommen interessant. Voraussetzung bleibt allerdings, dass die zu erwartenden finanziellen Verbesserungen das zu zahlende Honorar übersteigen.

Literaturverzeichnis

Böckhoff, Michael/**Stracke**, Guido: Der Finanzplaner: Handbuch der privaten Finanzplanung und individuellen Finanzberatung, Heidelberg 1999

Booz Allen & Hamilton: Private Banking – Markt der Zukunft: Strategische Imperative und Anforderungen aus Kundensicht, Frankfurt 1999

CFM Commerz Finanz-Management: Presseinformation: Finanzplanung am Kunden erklärt. 04.03.2001. Online im Internet: URL: http://www.commerzbank.de/tochter/cfm/p990922.htm [2000]

CFP-Board: Job Analysis of CFP Certificants. 15.05.2001. Online im Internet: URL: http://www.cfp-board.org/press_1994srvy.html

DEVFP Deutscher Verband Financial Planner: Ein Berufsbild erhält eine schärfere Kontur. 04.03.2001. Online im Internet: URL: http://www.cfp.de/main/berufsbild.htm

DEVFP Deutscher Verband Financial Planner: Lizenzierungsbedingungen – die Garantie für strenge Auswahl.04.03.2001. Online im Internet: URL: http://www.cfp.de/main/lizenzierungsbedgg.htm

DEVFP Deutscher Verband Financial Planners: Berufsgrundsätze, in : DEVFP Deutscher Verband Financial Planners: Tätigkeitsdefinitionen und ethische Grundregeln zum Certified Financial Planner, Frankfurt 1998, S. 5

DVAG: Das Unternehmen – Die Nr. 1 weltweit! 05.05.2001. Online im Internet: URL: http://www.dvag.de/unternehmen.html

ebs-Finanzakademie. 29.03.2001. Online im Internet: URL: http://www.ebs-finanzakademie.de/finanzialplanning/main/finanzial_planning.htm

Kruschev, Wesselin: Private Finanzplanung: Die neue Dienstleistung für anspruchsvolle Anleger, Wiesbaden 1999

Palan, Dietmar/**Seeger** Christoph: Rendite mit Stil, in: Managermagazin, 29. Jahrgang, Nr. 8/1999, S. 76-85

Reiners, Gisela: Versicherung berät gegen Gebühr: Hamburg-Mannheimer will einer der führenden Finanzdienstleister werden. 03.04.2001. Online im Internet: URL: http://www.welt.de/daten/1997/08/18/0818wi92773.htx

Reittinger, Wolfgang/**Stracke** Guido/**Tilmes**, Rolf: Gewinne durch Financial Planning (II), in: Die Bank, Nr. 11/1997, S. 658-662

Schäfer, Henry/**Unkel**, Steffen: Private Finanzplanung in Deutschland – theoretische und konzeptionelle Grundlagen: Arbeitspapiere zu Finanzmärkten und Finanzdienstleistungen, Arbeitspapier 03/2000, Siegen 2000

Tilmes, Rolf: Financial Planning im Private Banking: Kundenorientierte Gestaltung einer Beratungsleistung, Bad Soden/Ts. 2000

Walz, Hartmut: Unabhängiger Vertrieb von Finanz- und Vorsorgedienstleistungen für private Kunden in der Bundesrepublik Deutschland: Eine Analyse unter dem Transaktionskostenaspekt, Darmstadt 1991